U0139474

文學叢刊之六十三

星色的鴿哨

魏子雲著

文史哲出版社印行

國立中央圖書館出版品預行編目資料

星色的鴿哨 / 魏子雲著. -- 初版. -- 臺北市
: 文史哲, 民 85
面 ; 公分. --(文學叢刊 ; 63)
ISBN 957-549-015-0(平裝)

857.7 85005111

文學叢刊 ⑥③

星色的鴿哨

著者：魏子雲
出版者：文史哲出版社
登記證字號：行政院新聞局局版臺業字五三三七號
發行人：彭正雄
發行所：文史哲出版社
印刷者：文史哲出版社
台北市羅斯福路一段七十二巷四號
郵撥〇五一二八八一二彭正雄帳戶
電話：三五一一〇二八

實價新台幣三四〇元

八十五年五月初版

版權所有・翻印必究

ISBN 957-549-015-0

自敘

當作品編成了書，出版了她，便如同子女步入社會，她所招來的榮也吧！辱也吧！作者如同父母一樣，都得承受。甚而說，連反舌的說詞，都不便啓口。昂頭挺胸也不是，低頭弓背也不是。何以？不應驕矜，更不應護短。曾子說過這麼一句話：「立身行道，揚名於後世，以顯父母，孝之終也。」那麼，作者所期乎作品的，大多希冀他們的作品，能揚名後世，顯耀了他這作父母的人。那麼，我不也有這種同樣的心理嗎！

不過，我可不在乎人家背後說短論長。尤其，《星色的鴿哨》這孩子，我生下她，便棄之不顧，任她壓在書堆裡已踰三十載。近來，纔發現了她，居然還完完整整地、鮮鮮靈靈地活在那裡。又五官端正，四體不殘，眉目也清秀可人呢！當年，我誕生她時，恰似鄭武姜生莊公，難產得幾乎送命。回想我在失眠之夜，寫完了近萬字的結尾，送到收生婆柏楊（郭衣洞）兄手上，他也深深吐出一口長氣，說：「終於寫完了。」（註）三十年後我再見到她，打心頭泛起的親情，良非筆墨所能形容。今者，委實想嫁出去，有誰家會看上她呢！老友彭正雄兄願意領去收養，另一老友張放兄，代我領了送去。

故事、情節，都屬於都市傳奇。主人翁閔汶也是這時代中的傳奇人物。在自立晚報連載完後，曾有讀者來信，說這小說的故事與人物，有些是從西方的小說抄襲來的。這位讀者沒有指出是抄襲的那位作家的那一本小說？我也無從去對證了。（那時，我正在寫西洋名著欣賞專欄。）

書既出版，作為書的作者，委實不應再嘮叨什麼？有人讀後說好，我得謝謝！有人說不好，我更得謝謝！為了隨俗，作此自敘。

八十五年一月十四日

註：這篇小說於民國五十三年（一九六四）十一月二日，開始在《自立晚報》副刊連載，到翌年二月十七日刊完。那時的副刊主編是郭衣洞（柏楊）兄。總編輯是李子弋兄。今已三十年歲月逝去矣！

1.

我每天在這幢大樓的第二層樓，伏案工作八小時的寫字檯，緊靠著面東的窗。這大樓坐落在台北市的東郊。十五年前（一九四九），它在台北市的東郊，還有如一座燈塔那樣的孤立著，祇要從市區向東走到新生南路，第一眼你就會發現到它。而現在，它雖依然健在，卻早被日漸繁華的台北市區給吞沒了。那時，由於它像一座燈塔似的一年四季都豎立在綠色的海裏——它四圍全是碧綠的農田，而我又經常坐在二樓面東的窗子前面工作，想來我有如一個燈塔上的守望者，雖不須擔當一個海上燈塔守望者的任務，需要經常注意著海上的動態，但我在案牘勞形的有些煩膩的時候，就放下筆來向窗外眺望，縱然在工作最忙碌的時候，也會被窗外視野中的一些新生的聲色現象，把眼神招引去。譬如一片遊雲的陰影打從窗前掠過，一線日光從雲隙中射來，鳥兒在窗外拍翅啁啾追逐，以及那農家小樓上不時播放出的鴿哨，都使我忍不住把臉扭向窗外。當然，在我放下筆來向窗外眺望的時候，卻往往會怔對著遠山的山色出神很久，總覺得像山岳那麼一座巍峨而沉靜不移的聖者，竟也會隨著現實的環境來幻變它的臉色。每當我這樣想時，心頭就浮起一種大徹大悟似的釋然；可惜我不能時時刻刻坐在那窗前觀察遠山山色的變幻。一個凡人也不可能時時刻刻都在徹悟的境界中。所以，自從我隨著職務的調動，離開了那幢大樓之後，便早把那窗外一切眺望過的景物置之九霄，祇是現在想到要寫出由那裏發生的一件往事，才又想起那些而已。不過，儘管那窗外的眺望早成過去，而那窗外綠色田野中的一處農家小樓上，不時飛揚出的鴿哨，那聲音卻不時響在我的耳際；直到現在。特別在閔汶離開了這世界的這些年，那響在我耳際的鴿哨的鳴聲，益發的遼亮而且鳴響的時間也越來越多。它在我感覺中，比那山色的變幻，更使我徹悟了人生。

說起那綠色田野中的農家，距離我坐的那方窗，估計約有半里之遙。是一家典型的台灣農家，「冂」字式的紅磚房屋，有一半掩藏在竹林裏，「冂」字前方有一塊小小的晒場，那一家長幼的田園之樂，總是在那晒場上演出，每每誘我思家不已。我說的那個小樓，實際上祇是倚著那「冂」式的右前方屋的山壁，用木椽搭起的一個棚架，或者近乎晒台那樣的東西，所不同於棚或台的地方，在於它頂上還有一間半樓式的小屋。起先——我開始坐到那窗前的那年秋天，並沒有注意到那小樓，對那份農家也沒有特加注意，在窗外的那大片視野裏，類似那樣的農家不止那一處。更由於我初到一個新的工作單位，需要把精神去貫注的事物，是窗內的一切而不是窗外。雖說我也時常向窗外眺望，窗外的一切也都在我的視覺中感觸過，但那卻正如孔老夫子所謂：「心不在焉，聽而不聞，視而不見。」大概就是這原因，我沒有注意到那農家的小樓。現在追憶起來，好像是我到那大樓工作的第二年春天，大樓下的環境已整飾一新，二次大戰留下的彈坑已經填平，峭豎著的幾幢廢墟斷垣已經拆除，殘礫也已清理，臭水塘也淘過並砌上了卵石、注入了清水。新植的睡蓮不僅在水上浮起綠葉盤盤，也綻放著白花朵朵；各色各樣的樹木也栽植起了。草皮平整的鋪在那曾經是野蒿過人的土地上。雖說在那拆去斷垣清除了瓦礫的廢墟上，還殘留著一方方灰白砂地大睜著盲眼，看去仍透著幾分淒涼！但大體說來，那大樓周圍已是新意盎然了。也許這種新意，對鳥雀也同樣產生了好感，所以經常有不少的鳥雀飛來，在窗外新植的樹枝上，新鋪的草地上，以及池塘邊嬉戲噪鬧。每在晴日，總有一群白色的鴿子從窗外掠過。有一天，我方發現那群白鴿的家就住在那農家的那座凸出屋角的小樓上。那天，我忽然發現那小樓上有一幅紅色的旗子在左右飄盪，使我想起它像唐詩中的酒招，那樣的富有詩意。再仔細看看，那小樓簷前，還站著一個人，那紅旗就在他手上搖著，那群白鴿便在那小樓上掠過再掠過……，從窗邊望去，像仙女的銀色羽裳似的一閃閃飄起，漸漸地，它們一點點隱沒在那小樓裏了。

自從發現了那小樓，就是那群白鴿的家，我對窗外的眺望，便以那小樓和那群白鴿為主要的欣賞目標。我最愛欣賞的就是那群白鴿，在那人手持紅旗的搖招下，一閃閃飛舞的姿態；更天天都在期望著那白色鴿群，都能在窗外掠過一次。可是，那群白鴿並不經常在那小樓上飛舞，它們總是成群的飛出去；更不每天都在我那窗外飛掠，我知道它們可以去的地方很多。雖然我從眺望的經驗裏，知道那群白鴿在那小樓上飛舞的時間，多在夕陽西下的時候，而我卻往往因了公事的忙碌不能按一定時間去向窗外眺望。因而那群白鴿在我的心靈間與感覺的意象裏，可以說給我留下的，是一點點星色的神秘。誰想，那點點星色的神秘，竟有一點跌落在我的眼前；有一天，一隻白鴿從窗口飛到房中來了。

發生的時日正是那年春天傍晚。是三月尾吧，窗外草地上新植的杜鵑，還在點點綴綴的盛開著。我手頭的工作特別忙，偏偏的電話的鈴聲總是找我。隔壁辦公室的那位怕走路的同事，總是在電話上向我洽辦公事，這一小時內，他已向我搖過兩次電話了。剛放下話筒不久，對座的同事又喊我接電話。電話機在坐在另一個窗口的兩位同事桌上，我要走過這張桌子對面擺的長櫈，才能繞到另一個窗口。我以為又是那位同事，所以憤憤地答說：「不接。」可是傳話的同事則說，「會客室有位小姐找你講話。」

會客室有位小姐找我講話？我一時想不到是誰。梁芸前天才回去。抗戰期間在浙江闖下的那個皮漏，在台北重逢後，雖曾找過我兩次，當她見我已「綠葉成蔭子滿枝」，兼且又無財又無勢；此後更由於我的一位老友之死，牽涉到她的品格，早就無顏見我，自不會是她。我太太是從不到辦公室去找我，再說她工作的地方有電話，如有事她會直接打電話給我，決不會跑到會客室來。捨此，我想不出還會有什麼女人找我。可是，「會客室有位小姐找我講話」的電話，如是你，你能不去接嗎？

我拿起話筒，剛「喂」了一聲，對方就說：「你是馮聰先生嗎？」那語音是一種捲舌音頗濃重的京片子；益發使我納悶。我答是。可能她聽出我回答的「是」字，音調中略帶幾分困惑，於是她馬上自我介紹說：「我是陳小珍，我是……」就在此時，噗嗤地一聲，還帶著一種刺耳的嘯鳴，箭似的從窗口射進一樣東西，正好緊貼著我的下顎斜刺過去。我本能地在突然震驚的情形下向後倒退了一步，放在桌角上的電話機被我後退時拉到地上，我手上的話筒也在受驚中掉落到地上了。雖然話機和話筒掉落在砌磚的地上摔得很響，而辦公室的人們，只衝那摔下地的響聲投予霎那的一瞥，視線馬上都轉移到一隻白鴿身上去了。原來剛剛從我胸前箭似的斜刺過去的，是一隻白鴿。我也管不得摔在地上的電話，極自然地也把視線移放到那隻正在辦公室中驚惶地飛舞著的白鴿身上。有好幾位同事站到椅子上和桌子上，伸張開雙手想把牠捉到。還有人喊關窗關門。我想，牠可能曾遭受到鷹隼在天空中向牠襲擊，在驚惶無措中才飛到這窗內來的吧。它怎知飛進窗內也等於誤入牢籠呢？

「不要捉它！不要捉它！」

我驚心甫定，看到許多同事想捕捉到牠的情形，連忙勸他們不要捉牠。果然，那幾位站到椅子上和桌子上的同事，都把伸張開的雙手歛收回來。不過，他們仍舊高站在那些椅桌上，欣賞那隻白鴿在驚惶地飛東撲西；有一種鳴聲隨著它的飛翔，還在低低斷斷地嗡咽著。他們說：「還帶著鴿哨呢？」那聲音像一位誤入歹人之群，掙扎著想脫離而無法脫離的少女在一邊掙扎一邊嚶嚶啜泣那樣的令人見憐。不一會它棲到裏牆邊壘起的一堆檔案櫃上了。我看到它像一團雪似的純白，一雙小眼珠子紅亮而晶瑩得像琥珀似的，滴溜溜地打量著房內的人究竟是敵還是友。突然，我發現牠腹下的白羽有點點血水在滴，「啊，這鴿子受傷了。」我說。這時，已有人向那鴿子走去，撲刺一聲，牠又飛起來了。也許它看到了門，由於我的大聲阻止「不要捉它」，更有好幾位同事附和，所以門窗並沒有關。牠飛起只在房中打了兩個旋就從門飛了出去。可是，那門外是一條長長的走廊，走廊兩邊有不少辦公室的門，我耽心牠會再飛入另一個辦公室。同事們大都奔出房門。摔在地上的電話已被另一個同事撿起來了。我拿起話筒一聽，知已摔壞。遂走出辦公室向大門口的會客室走去。經過走廊時，我發現許多同事都站在辦公室門外，衝那隻棲在走廊天花板電線上的白鴿指三話四。我要急於知道到會客室來會我的小姐是誰，也顧不得去憐憫那白鴿的命運了。

我到了會客室。會客室除了那位應值勤務的小姐，並無其他的人。那位李小姐見我走來，沒有等我開口就說：「你才來，那位小姐走了。」說著把一張字條給我。她又緊跟著問我，「你為什麼不把話講完就把電話掛了？」我把一隻白鴿飛進來的事告訴了她，一邊看那紙條，上面寫著：「馮先生，真對不起，我沒有等你，我還有一個約會。請你今晚六點半到中正路一〇〇巷十七弄二十五號來找我好嗎？我準時候你。陳小珍留。」

「怎樣一個人？」我問會客室的小姐。

「怎麼！你不認識？」她深感驚異。

我再仔細看看那字條上的龍飛鳳舞，不惟字跡陌生，連陳小珍三字也從未聽到過。「好像不認識」，我說。

「裝蒜，」她把小嘴向我一抿，認為我騙她。「我又不認識你太太，你怕什麼？看起來她和你很熟，開口馮聰，閉口馮聰，哼，還說不認識，不認識來會你。」

「什麼開口馮聰，閉口馮聰，你不是看到的，在電話上連一句話也沒有說完。」我說。

「她和你談起我？」

「跟我有什麼談的。」她說。「我聽到她在電話上和別人談你；開口馮聰閉口馮聰的。還裝蒜說不認識。哼！」她又把鼻樑一聳，下巴頷向我一伸。作了個一般少女慣有的嬌嗔嘴臉。

「妳在什麼地方聽到她和別人打電話談到我？」

「就在這裏，」她還是那麼嬌嗔地說。「還有那裏？我過去又不認識她。」

一種惑然的感覺在我心頭浮起。

「又打電話給誰？」我說。

「喏，招認了吧。」她說。可能她以為我這樣問帶有醋意，實則這是人的本然，儘管我不認識那來找我的女人，但聽說她又和別人通電話，總會打從心底浮起一絲妒意的。我想，這應是人類通有的一種卑弱心理吧。「告訴你，是外面打來的。」

「是外面打來的？」

我更感惑然了。

「對了，是外面打來的。」她說。「你的電話斷了之後，等我為她再要了兩次要不通，把電話掛上請她坐下等你時，她剛坐下電話就響了。她以為是你打來的，趕快過來把我拿起的話筒搶過去聽。我也以為是你打來的，誰想她抓起話筒喂了一聲，停了一下就說：『巧極了，我剛才到這裏。』待會又說，『我正在等馮聰。』……『還沒見到』。……『馮聰挺好的。』……『可以，我馬上來。』……『沒關係，我和馮聰晚上再見面好了。』……『好，馬上見。』就說到這裏，她就把電話掛上了。還向我抱歉說：『對不起小姐，我不等馮聰了，街上還有個朋友在等我。我給他留句話好了。』就這樣我給她一張紙，她寫了一張字條。」說著她又打趣了我一句，「你小心，等我認識你太太時，不告你一狀才怪！」

我揣著一個啞謎，和一張不相識的陳小珍小姐約我晚上見面的字條，走出了會客室。適巧一聲嘯鳴從頭上劃過，昂首看去，是一隻白鴿正像一顆流星那樣疾速地在夕陽染紅的天空中飛去。流曳著鴿哨的鳴聲。我想必是那隻受傷的白鴿獲得了自由。我慶幸它終究長了一雙會飛的翅膀。

一直到吃完晚飯，我都在為這位不相識的陳小珍小姐納悶著。究竟是誰呢？找我有什麼事呢？我真是揣想了很多，連她在會客室接到的那個電話，何以那人會把電話打到我們會客室來？不要說我的許多想頭已記不起，記得起也寫不出那樣多，實在想的太多了。總之，像猜謎似的在心裏解結著。所以一丟下飯碗就說辦公室還需要加班，推出單車就離開了家。那時已六點四十分了。跨上單身騎到中正路，又費了二十分鐘的時間才找到我要找的地方。我辨認清楚那門牌，確是那張字條上書寫的地址之後，還遲疑了一霎才去敲門。

玄關的燈一亮，有人出來開門了。開門的是一位中年婦人，當我問她有沒有一位陳小珍小姐住在這裏？她又問了一句：「叫什麼的？」我再清楚明白的說了一遍。她搖搖頭說沒有。聽她的口音，猜她是江浙人，看她的打扮，像是這家的主婦。那是一幅新落成不久的日式房屋門前的巷道還沒修好呢，遍地都是一小堆一小堆的卵石及砂灰。相信她不會聽不懂我的語言。「

你們這裏不是中正路一〇〇巷十七弄二十五號嗎？」她答說是的。還補充一句說，「是新編的門牌。」正在這時，有一個女聲從玄關中傳出，「媽，是不是找敏文？」（這是當時我依據那女人的聲音譯出的）那扶著半啓的大門的中年婦人用上海話回頭答說，「不是，是找姓陳的。」那在玄關中説話的女孩子已走出屋門，嘴裏還一邊說：「對，就是敏文。」說著她已走到門口，向我說「你找陳小珍是不是？」我點頭說是。這時我聽到她正向她母親解釋說「就是敏文，陳小珍是她的筆名。」說著又招呼我說，「請進來坐一下吧，敏文還沒有回來。你是馮先生吧，她下午打電話向我說過，」這時，她母親已逕自轉過身向屋內走去了。「馮先生來時，在我家等她一下。」她看到我身邊的單車，又說，「你騎車子來的嗎？（我在她説話的過程中點頭）那麼請把車子推到院子裏來，放在門外會丢。」她已把門大大打開了。

她把我接待到一間約莫六蓆大小的客廳內。其中擺有兩張普通的木把籐椅和一張普通三夾板的骨牌型茶几，還有一隻雙人沙發，靠窗的那一方，一隻沒有門的書架，書本已經擺得滿滿的了。書架有四尺多寬，書籍倒擺得滿滿的，有中文的也有英文的，大都是消遣性的文藝小説，像「蝴蝶夢」、「飄」、「簡愛」、「基度山恩仇記」，英文方面大都是西部武打什麼的。雜誌最多，都斜擺在書架的最上層，像什麼「生活」、「柯里爾」、「好家庭」、「麥考爾」、「周六晚郵」、「懺悔」、「真實的故事」、「花花公子」、「皇冠」、「品珍」……還掉落一地。那女孩子大概廿二、三歲，黑黑的皮膚，五官生得很四稱，雖說嘴唇皮嫌厚一些，但一雙烏黑的大眼睛卻閃爍著誘人神飛的光芒。她把我讓進客廳說聲請坐就出去了。停了一會她送了一杯新泡的茶來，茶葉浮在水上，顯然是水瓶裏的水熱度已不夠了。「請用茶，」她說。「我家的下女又走了。」語氣裏揮發著感慨。「你稍坐一下，敏文就回來。」說過就出去了。她穿著一襲滾藍邊的白綢睡袍，腳上屣著黑底綉花的拖鞋。頭髮還濕漉漉地，我猜想她才洗過澡。身上揮發著一種舶來的幽香，似乎到了十餘年後的今天，那幽香還存留在我意想的嗅覺裏。她放下茶剛剛辭出，就有一位下女模樣的少女端著一鍋的骯髒碗盤打從那小客廳門口過，後面跟著兩個邊說邊跳的大概十歲上下的男孩，發現我時，還在門口剎然停了一霎，向我打量了一眼。我發現他們兩個回過頭，相對著伸了伸舌頭。還作了個鬼臉。待會兒又有另一個中年婦人打從門口過，也扭頭對我打量了一眼。我當時想，這房內不止住這位小姐一家吧？

我順手從地上拾起一本英文雜誌，是本「柯里爾」，我一頁頁翻看著其中的圖畫，對其中幾頁非洲叢莽的彩色插圖最感興趣，那些在西方進步的彩色印刷機下印出來的異禽怪獸，看去真是栩栩如生。大概十多分鐘，我在這幢房子中的一些男女老少吵嚷聲中，心不在焉的翻完了那本「柯里爾」，把它放在書架上。又從書架上抽出一本「蝴蝶夢」，想坐下來讀一讀莫麗兒開頭那段優美的散文，可是我連一行也讀不進，眼睛雖然看著書上的字，而那些字卻無法印到我心裏去，我的心老是想著那位又叫陳小珍又叫什麼敏文（在那當時，我以為敏文是陳小珍的另一個名字，一定叫陳敏文或敏雯）的小姐，究竟是怎樣一個女人，她怎樣會知道我的工作機關和辦公室的電話號碼？突然間我害怕起來，不要是什麼……？我不敢想下去了，也不敢再等下去了，加以還有那兩個男孩子的爭吵，又加入了他們父母的叱責；何況那位大眼睛黑皮膚的小姐，放下一杯茶後就沒有再出來，都使我無興緻再坐下去了。我遲疑而又略帶恐懼地站起身，把那本「蝴蝶夢」再插入書架。心裏想著如何去向那位小姐告辭呢？我不知她住在那間房？也不知她是否？也是右邊那條甬道內，對過那間房中，正在吵嚷的這家人是一家，也不便向左邊那間房闖去。我想我可否不辭而別？或走到玄關處扣一聲門？或去那正在吵嚷的兩個孩子那裏。……這些思想，都在從沙發中站起身來，把書插在書架上的一剎那間想到的。我還不曾下決定呢，從書架那裏一轉身，就看到一位穿鵝黃色夜禮服的少婦出現在客廳門口，正走進門來。夜禮服的胸口開得相當低，高聳的雙峰有三分之一的部份裸露出來，一條血紅的毛絨披肩，襯在她兩條藕似的手臂上。金色的高跟鞋在她腳上燃閃著火一樣的光燄。我一時不知怎樣招呼，下意識的從沙發處走向對面的兩把籐椅。

「請坐。」她說，指著沙發要我坐下。「很抱歉，我沒有陪你。」她看看腕上的錶，說：「大概敏文就回來了。」

噢，這時候我才認出她就是這客廳的主人，剛才接待我進來的端茶給我喝的那位。差一點我喊她陳小姐。那才笑話呢。她打扮過簡直是另一個人；也不顯得皮膚黑了。

「沒關係，」我說。「我沒有事。」

潛意識操縱著我的理智，把剛才所想的一切意念都驅逐到九霄雲外。

「我聽敏文說，馮先生的文章寫得非常好。」

她已在靠外面的一張籐椅上坐下。

「那裏，」我一邊慚愧著，一邊想到陳小珍可能是從中央副刊的編者那裏，獲知我的工作單位，那一定是讀了我不些天前，發表在中副上的那篇「自妳走後」的書信體小說之後，特地來會我的了；心頭有些飄飄然。順口說：「我初學寫作。」

「我和敏文是北平中國大學同班同系，」她自我介紹說，「我卻連封信也寫不清楚。」

「那裏，」我想稱呼一聲什麼小姐，卻還不知道她姓什麼，倒也不好意思問了。遂說「你客氣。」

可能她連我這句話的最後三個字還沒有聽到，門外就有三聲汽車喇叭聲，她連忙站起就咯登咯登向門外跑，連禮貌上的招呼都沒向我打。我也站起來，聽到她在玄關向門外用英文喊：「等一下鮑比。」然後才走回來，向我說：「馮先生，對不起我不能陪您，您再稍等一下。」她看了看錶，「敏文馬上就會回來，她在鐵路飯店吃飯。」門外又是三聲汽車喇叭，她一腳踩在玄關脫鞋處的階上，一腳踩在階下，急著要出去了。

「我也走了。」我說，「我明天再來吧。」

我的話還沒有說完，玄關突然被門外的燈光照亮了一霎，一輛汽車聲傳來，又駛來了一輛汽車。「大概是敏文回來了。」她說時已走出玄關。我也把鞋子穿好了。走出門去，就聽到她說：「哎呀！快進去吧，人家馮先生要走了。」

等我從玄關走出屋門，大門外的兩輛汽車，已一先一後睜著白光光的大眼，向巷外的轉彎處駛去，陳小珍小姐正推開大門進來，我站在屋門外癡望著她。背後——屋內有母親大聲叱責孩子的唁罵聲，雖然是閩南語言，我從語氣裏，也能聽懂是叱責那兩個孩子，不要跑出去看。跟著我就聽到兩個孩子的腳步聲從玄關處跑去。迎著亮在巷子對面那家大門上的燈光，我看到陳小珍小姐穿一身黑色短袖旗袍，手上除了攜著一隻手提包，還拿著一件看去灰烏烏地短外套什麼的。高高的身材——後來知道她的高度是一米六六，乍眼一看，也可以知道她和剛才那位搭上鮑比汽車出去的女人是儼然兩類。她看到站在屋門口的我，就說：「是馮先生吧？」院子很小——我是說從大門到屋門不過五尺之遙，想來是這樣。所以她說著已走到我面前，當然也向前迎了一步。她先伸手和我握手。我現在還能體味到當時握手時給我的感覺，像握到一隻還滿身都是絨的小雞那樣，溫軟溫軟使我不敢用力。「你等了老大一會了吧，」她一面把右手鬆下，一面又用左手向我腰上一箍，推我先進門去，一邊繼續說：「這般人真會鬧酒，簡直不能脫身。」我明白她是指晚飯席上的事；這時，我才嗅到她口中有酒氣吐出來。

「我來了不大會兒。」我說。

「我怕你久等，」她說，「沒吃完我就趕回來了。」

「那你沒有吃飽？」

「飽了，」她的語氣很爽朗。「大家在鬧酒。」

我們仍舊到那間小客廳裏。跟著她走進來，連鞋也沒有脫。從穿著打扮上，我猜想陳小珍小姐是一位非常樸素的女孩子，腳上還穿一雙黑色麂皮的平底鞋，臉上除了唇上塗有一層薄薄的桃紅色口紅，並未再施諸脂粉，可能她瞭解她的臉腮，本有著桃花色的自然美，用不著再施脂粉了。的確，她的皮膚很美。但從她那一頭紛亂的短髮、和腳上的那雙已經變了色、磨去了絨的麂皮鞋來看：可以想知，她不是一位愛打扮的女孩子。最使我奇怪的是，她搭在膝上的那件毛衣，是一件栗色的男式對襟，袖口上的線有一處已脫了一個缺口。我想那可能是別人的，台灣的天氣不正常，她下午就在外面，沒有帶衣服，晚飯時，某位男友臨時脫給她的。不過當時我曾試著想，那毛衣穿在她身上，也減損不了她的自然美。我想她不會比剛才那位，穿鵝黃色夜禮服出門去的同學年齡大，不，這話應該這樣說，無論她那位同學怎樣打扮，也沒有陳小珍這分自然美迷人。怎能說她不會打扮呢，那黑色旗袍，益發烘襯出她氣質的典雅，像一朵幽谷百合似的，有其夐然的清芬。……這些，都是我和她從院子一同走到那小客廳，甫行坐下後的感覺，所激起的思想。現在，我祇是憶述了一些陳舊的記憶而已。

「聽梁芸說你要辦本雜誌，」坐下後她就開門見山的說。我才知道她是梁芸的朋友，我的電話什麼的，全是梁芸告訴她的，一半天的疑雲都開朗了。「那真好，我也參加一分。」

「梁芸什麼時候告訴你的？」

「昨天。」她說，「所以我今天就趕來了。一下了火車就去找你。」

辦雜誌的事，祇是和梁芸隨便說說的，那祇是一時的希望，一時的念頭，雖然前幾天談起辦雜誌的事情，梁芸很起勁，她說了一大套美好的計劃及遠景，而我也天真兮兮的把那遠景編織得更加迷人。但我那分辦雜誌的熱情，在當時海闊天空的談論了一番之後，第二天就被辦公室中的繁重工作，把那些辦雜誌的天真計劃，給擠到腦後去了。可是經陳小珍這麼一提，我腦後的那分天真，又在大腦中頓時燃燒起來。我興奮地笑了。

「好極了，」我說。「不過，我還沒有把計劃和預算寫出來呢？」

「那你趕快嘛，」她著急地說。「我可以把我的計劃告訴你：我到台北來租一間房，」她又馬上加以解釋說，「房錢歸我出，我反正需要一間房子住的；我們雜誌社的地址，就放在我那裏，我可以擔任收發或秘書一類的事情。至於雜誌的股東，梁芸說每股一千元，我願意出五股，」說著她打開膝上的手提包，取出一根黃橙橙地金條，「這條金子現在就可以交給你，不夠的數我再湊給你現款。」她已把那條金子遞過來了。

當時我被她這份熱誠沖昏了頭，居然欠起身伸手把她遞過來的那根金條接了過來。接到手上之後，才想到這事連一點眉目還沒有哩，祇不過是那天和梁芸海闊天空的一席空談，怎好馬上把陳小珍的一根金條接到手上呢？遂馬上說：「不成不成，什麼都還沒入手，我把這金條向那兒放呢？」

我又把接到手上的那根金條遞還給她。她沒有馬上接過去，從對面的籐椅上站起，坐到我同一張沙發上，說：「你先放著好了，擺到我這兒也是擺著。」

「不，還是等開辦的時候再說。」

我堅持著把金子退還給她。她似乎頗為悵然的接過去，又重新放到手提包中，還說：「也好，以後我乾脆拿台幣給你。」

「有陳小姐這樣熱心的人參加，」我趕快把話岔過去，「我們一定會成功。」

「哎呀，我要向你說明，」她突然說。「我不姓陳，也不叫陳小珍；」我頓感怔愕起來。「我姓閔，叫閔汶；門字裏邊有一個文字的閔，三點水旁加一個寫文章的文字的汶。陳小珍是我寫文章時用的筆名。」

「噢，閔小姐。」

「我也不是小姐，」她使我更加感到突然的說，「我的大孩子都兩歲了。」

她這突如其來的自我介紹，使我一時不知如何稱呼她，於是我馬上機智的問：「那麼你先生貴姓？」

「姓陸，跟梁芸的先生是同事，所以我和梁芸很熟，怎麼，」她用疑問的眼光望了我一眼，「梁芸沒有跟你提過我？」

我才記起梁芸上次來提過，說是新認識了一位也會寫文章的朋友，很談得來。那天談起辦雜誌的事時，好像是她說也可以請她參加。而我卻忘了梁芸當時說到的姓名是什麼的。

「經你這一說，我才想起，」我抱歉地解釋說。「我以為閔汶是敏捷的敏，文章的文，是陳小姐的真名哩。」其實，梁芸根本就沒有向我介紹她，只是在談話中提起，所以我一點也沒有印象。我這樣解釋也祇是就話圓話。經我這一說，她倒笑起來了。

她那位同學的老太太雙手擎著一個熱水瓶進來。閔汶喊她章伯母，我才知道這家小姐姓章——後來才知道是立早章。「我給您們灌瓶水，」她說。閔汶連說謝謝。她本想給我斟上一杯，看看我那杯茶還是滿滿的，但黑黑地一層茶葉還浮在水上。她把水瓶放在茶几上，伸手想把我那杯茶拿去倒了再重新沖一杯。但她遲疑了一下，說，「噢，閔汶你還沒有，我再去拿杯子。」閔汶說「不用了，章伯母，我們就要出門。」我也說「不要客氣。」閔汶真的向客廳外走了。「我們出去聊吧。」閔汶衝我說了一聲，就領頭走在前面。把那位章伯母丟在客廳裏，我回頭向她道聲謝謝和再見。她連說「慢待！」閔汶則在走到玄關時說：「章伯母，我晚上可能回到你們這兒睡覺。」

那位章伯母在我身後回答閔汶說，「好的，你們去玩吧，我會等門。」還一再向我說太慢待了，說是不久日子就會搬家，搬了家再請我到他家去玩。我漫應著。我揣想那位章伯母頗自卑於他們的居處太扁窄了吧。當然，那居處是他們租來的呢。關上門之後，她還向閔汶說：「你們去玩吧，閔汶，我會等門。」

滿月已爬過屋脊，銀色的光瀉在路旁一堆堆卵石上，看去白燦燦地像一堆堆蛋類。那條巷道有些地方已經鋪好了卵石，有些地方才挖路基，我手推著的單車，在那不平的路上跳著扭扭舞。所以我推出門走不幾步，閔汶就說：「你還是把車子放在院子裏吧。」我遲疑了一下，一想反正得推走，遂答說：「還是推到馬路上，找個修車店擺下比較好。」閔汶竟拍起手來，說：「你的主意比我想得好。」不知為什麼，她這句話竟使我心底泛起一絲甜甜的意味。

那巷道雖不崎嶇，卻名符其實的坎坷難行。隨處都是卵石及砂礫，道上又有的挖過有的沒挖過；雖有汽車及三輪車軋出的道轍，竟被上午的陣雨給灌成了水窪，若不是月色特好，這巷道真是寸步難行。因而走不幾步，閔汶就把她的手腕攀到我的臂彎上。暮春的晚風習習拂來，似乎全從我那臂彎間涼涼地沁入心脾。

由於道路坎坷不平，又有水窪，我又推著單車，所以全把頭低著，高一腳低一腳的尋著好的平地踏去。彼此只顧腳下，都沒講話，祇有時閔汶會因了前路難行而停下腳步，放開手繞過一個水窪，還一邊警告著我說：「慢一點，有水。」好在祇有很短一段，一轉過彎去，走入對準中正路的那一段，因為路面已鋪好了卵石，已毋須我們擔心會踩到水了。而我們卻仍舊低著頭，看著路面走。因那僅僅鋪上卵石的路，終究還是高低不平。

「真虧你有本領找到了這地方。」她說。

「我找了很久！」我喟然地回答。「問了好久才問……」

「閔汶，」

迎面突然有人喊閔汶。我們不約而同的停下腳步，抬起頭來，那人正站在我們前面，矮矮的個子，圓圓的臉，看起來還沒有閔汶高。雖然是月光下，卻也能一眼打量到他是一位愛打扮的男人。頭髮後梳，油擦得映著月光起閃，深色的西服襯出雪樣的白領，腳上的皮鞋尤其光亮。閔汶頭一抬起，就認出了他。馬上把攀在我臂彎上的手鬆下來。

「啊！你呀！」她說。回頭對我說：「來，我來給你們介紹。」他指著面前的人，他已把手伸出，「這是莫經理：莫，莫，莫名其妙的莫，」他馬上自道名字，我們已握住手，「

莫建漁，建國的建，漁人的漁。」我也道出我的名字，閔汶從中補充說：「馮聰是大作家，你讀過他中副那篇『自妳走後』沒有？呃咦！好啊！我真想做文中那個『妳』。」那位莫先生連說「久仰久仰！」我不會說客氣話，更由於心裏突然想到，「這人就是下午打電話到我們會客室來，把閔汶約走的那個人吧？」

「你們準備到那裏去？」他問。

「我送馮聰，」閔汶說，我猜想她定和莫先生有約在先。「你怎麼找到的？」她又問他。

「找了半個小時才找到這裏，」他說。「坐的那輛三輪車拉不了三步就脫鍊子，索性在這路口給錢讓他走了。真巧，這裏遇見你。」

「那你運氣好，」閔汶伸手拍了一下莫經理的肩頭。「前面全是水。」

「那托你的福，」他說。「你們打算到那裏去？」

「那裏也不去，我送馮聰。」她說。我確定她和姓莫的定有約在先。

「那麼」他看看手上的錶，我不知他看到了時間沒有，「我請妳和馮先生一塊去『朝風』喝咖啡。」我說「我謝謝了，我還有事。」但那位莫先生並沒有等我回答就向閔汶說：「我在『朝風』等妳等到七點一刻，到現在我連飯還沒吃呢。」

「對不起，對不起，」閔汶連連致歉，把手攀到他的臂彎間，「走，我請你吃晚飯，我被一個朋友拖到鐵路餐廳去了。」她說著又把臉轉向我說，「馮聰，我請你一塊兒去。」

這時我們已走到中正路口，我想我應該馬上告辭了。遂說：「不，我家裏還有事，我回去了。」

「不客氣嘛！」那位莫先生說。

「不，我的確有事。」我說。閔汶已把手伸出來了，她握住我的手說：「那麼我們明天再談。」那位莫先生也伸出手來和我握手道別。在這種情況之下，我是急於要辭別他們了。

「好吧，」我說，「我們明天再聯繫。」

「明天等我的電話，」閔汶看到我已把單車的頭推向右方，她帶著幾分愧疚與尷尬的口吻這樣說。我漫應了一聲好，聽到那位莫先生已在喊三輪車了。等我跨上單車的時候，閔汶又在喊：「喂！馮聰，雜誌的計劃你要快些寫噢！」我騎在車上回頭揚了揚手，再漫應了一聲好。

2.

我如模倣意識流的心理描寫方法，來進行我那天從中正路歸去後一夜間的胡思亂想，也許五萬字也寫不完。我想，讀者想繼續知道的是這故事中的閔汶，並不是我；再說，意識流的寫作技巧，早在四十年前就在英國作家詹姆斯·喬伊斯與維吉妮亞·吳爾芙以及法國作家馬瑟·普魯斯特等大家筆下，把它發揮到巔峰，愛讀書的讀者一定不希望我再去拾人牙慧吧。何況我這篇小說是都市傳奇，也用不著在裏面矯情地玩弄什麼時髦的「現代」。那麼，還是繼續聽我說故事。前面不是說到閔汶來找我，是為了想參加我要辦雜誌的事嗎。想起那次要創辦雜誌的念頭，如今想來真是天真透頂。老實說，我那天和梁芸談起創辦一本雜誌的動機，還是從退稿這件事上想起的。我們那時想，如果自己手上有本雜誌，就可以大大的發揮我們的寫作才能，不會再受退稿的折磨。梁芸更說文章是逼出來的，如果自己有本雜誌，我們就可以寫長篇連載，魯森的「路」不就是在他們的「現代風」上連載出來的嗎。於是我們兩個在她的同學張丹甯小姐家，把這個天真的計劃繪出了一個非常非常美麗的遠景。梁芸說，我們祇要做照「現代風」的辦法就可以了。每股一千元，有十股就可以開辦，她說她最少可以出兩股。我遂答應由我計劃。想不到還有一位比梁芸還要熱心的人，來加入這個雜誌計劃，她一開口就說她願意出五股，不但錢出得多，更要投身在雜誌中，為雜誌服務，既肯出大錢，又肯出大力。從她昨晚馬上就要交給我一大條黃金的情形看來，可以想到她決不是空口說白話，而是真心實意的入夥。我想，十股的計劃已經有了七股，這件事真是可以一蹴而就了。心頭遂泛起了絕對可以辦成的信心。

在我經常接觸的幾個朋友中，可以拉之入夥的，有劉韻詩、任梁、袁麗陽。另外還有一位和我很要好的朱鐵吾，他是四海罐頭公司的總經理。我可以拉他進來，以便在廣告上有所補益，因為他曾鼓勵過我辦雜誌，他廠裏還有一位姓孫的業務股長，曾熱心的說他可以拉廣告。老朱是上海人，在商界頗為活躍。我想，我們可以拉他做發行人。第二天一上班，我就用電話分頭進行了。

劉韻詩、任梁、袁麗陽都是我們同一機關的同事，我約他們在合作社的小吃部，把準備辦雜誌的事告訴他們，問他們願否參加？他們三個都是投稿的朋友。他們聽說有那麼一位熱心的小姐願那樣出錢出力，都很興奮，都說願意拿一千元入股。這樣一算我們已超出了計劃中的一萬元了。我應允當晚就把計劃項目訂出來，明晚就可以開會決定。任梁建議開會的地點就在他的住處，他租居在建國南路一間獨門獨户的小房裏，那是他準備作結婚用的新房。他願意作東準備茶點，並請大家會後吃宵夜。

回到辦公室，幾乎無心辦公，我的思想除了反覆思索著，那個雜誌的計劃等等之外，最關心的就是電話鈴聲。因為閔汶昨天說要我今天等她的電話，加以今天我們這幾位又有了一個明晚開會的決定，所以等待閔汶電話的心情更切。為了怕電話打來我適巧不在辦公室，連廁所都忍著不去。那一半天，每一聲電話鈴響，都使我心驚地抬起了頭，支起了耳朵。結果我並沒有等到閔汶的電話。中午下班時，我特地騎單車繞到中正路一〇〇巷，那位章老太太說，閔汶昨晚並沒有回到她們那裏住宿。我把預先寫好的一張便箋，交給了章老太太，並口頭說明兒晚上開會。

下午，我仍舊像上午一樣，關心著電話的鈴聲。可是公事特別忙，好幾件公事都被處長喊去當面指示，須重行研究簽擬。每次離開辦公室回來，一進門就去打量那兩位桌上放電話的同事，還故意的一進門就大聲說話，希冀著有人告訴我說，曾有人打電話給我。不知為什麼，我不好意思去問人家，「有人打電話找我沒有？」生怕洩露了心事似的。其實，有什麼不可告人的心事？祇不過是一種卑劣的心理在作祟而已。

離下班還有半小時，辦公室的燈已經亮了。有些同事在收拾辦公桌，準備下班，而我手上還有兩件被打回票的公事，正在遵照處長的指示重行簽擬。腦子裏雖已放下了電話鈴聲的負荷，卻放不下雜誌的計劃條文，因而不時寫錯。當我意念著，反正今天辦不好，索性留到明天再辦的時候，我們那位胖子處長到辦公室來了。

「王之光、陳長齡、馮聰」處長指著我們這三人的名字喊，「你們三個今晚隨我加班，我請你們在合作社吃晚飯。」說過就匆匆地走了。

加夜班是常事，為了那頓豐富的晚餐，我們並不厭惡加班，可是今天，我卻有些兒不願，那就是我預期今晚完成的雜誌創刊計劃，卻無時間去完成它了。反正今晚又有別的事加班，越發無情緒繼續把手頭的公事簽擬下去，遂也一件件把堆在桌上的卷夾，收拾到抽屜中去。正當我收拾桌上的文件時，卻沒有留心電話鈴聲，忽聽另一個窗口的同事在喊我「馮聰，電話。」

我以為是處長室打來的，當我拿起話筒，剛「喂」了一聲，對方就說：「你猜我是誰？」捲舌音頗為濃重的京片子，雖說我和閔汶交談不多，但也不用猜就知道她是閔汶。「哎，不用猜了。一整天我都在等你的電話。」我說。當我要繼著把明天晚上開會的事，以及時間與地點告訴她時，她卻搶著說：「我搖了三次電話都接不通，你們的電話怎麼那麼忙。」沒等我解釋就又說：「哎，趕快來，我在『四姊妹』等你，我請你吃晚飯，吃過晚飯請你看『大世界』上映的『失去的周末』，文藝片；票我都買好了。快來。」

她流水似的把她的話說完之後，似乎馬上就要把電話掛上似的。我連忙說：「不成。我今晚加班。」「怎麼會那麼忙啊！」她頗感失望的說。

「我們經常加班，」我說。我的語氣也夾雜著失望及遺憾。

「哎呀！那我怎麼辦呢？」我聽到她的語氣裏，含有的失望更多。「你連出來吃頓晚飯都沒有時間嗎？」

「今晚是我們處長請我們吃飯，領頭加班。」我遺憾地解釋。

「好吧，你不來算了。」她帶有幾分嬌嗔和幾分沒好氣的話。我生怕她把電話掛了，連忙搶著把明晚開會的事以及時間與地點告訴她。在電話上聽到她又興奮起來了，紀錄時間地點時，還向我一字字覆述了一遍。

晚飯時，胖處長大概忽然想到我手下還有兩件須行重擬呈核的公事，他說「馮科員你還是繼續簽辦你手上的那兩件好了。我明天開會的意見，有王專員和陳科員兩個人幫助我研究就可以了。」所以晚上我衹化了不到一小時的時間，就把那兩件公事重簽出來了。繼著我把雜誌的創辦計劃草草地寫了一個大綱。

第二天，我們這幾個人又互相聯絡了一次，我更把閔汶來找我的事以及雜誌的進行情形，寫信告訴梁芸，並徵詢她的意見。晚上，除了我那位身任罐頭廠總經理的朋友推說有事，不能參加會議，應允一定幫忙之外，我們這四位卻準時到達。任梁真是大破其鈔，把他從美國帶來的巧克力與太妃糖，以及熱水一沖即溶的咖啡精，駱駝牌香煙，都拿了出來，還買了些起士林的糕點。更把他的未婚妻吳小姐，也拉來做招待。我把計劃大綱拿給他們先研究，而我為了怕閔汶找不到開會的地方，特地跑到巷口的馬路邊去迎接她。可是，從七點到八點，尚未見到伊人蹤影，任梁家的幾個朋友，不時一個個的出來看我，我知道他們也在焦急著。好像今晚的會有如一台戲，閔汶就是這台戲的主角，主角不來戲便無法上演。事實確也如是，閔汶不來，這個會如何開得成呢？他們一再問我，在電話上是否把時間地點說清楚了？不要是把時間地點記錯了吧？而我卻確實的記得，她用筆記錄下時間地點之後，還向我覆述了一遍，怎會錯呢？

他們建議去中正路一〇〇巷問問，這事由袁麗陽騎單車去，因為祗有我一人認識閔汶，所以我不能離開。可是老袁去了回來，說是那位老太太說：她始終沒有回去。

八點過了，十分又過了，馬上八點半又過了，所有的人都走到巷口馬路邊，連任梁的未婚妻都走到巷口來了。就那樣我們等過了九點，不僅這建國南路上的來往行人，我都打量過了，就是我視界中的仁愛路上的行人，我也沒有放過。過了九點，我想這位小姐一定「黃牛」了。你們便誰都能想像到，我那時的尷尬與愧疚心情。夜風雖還捲有幾分料峭春寒，我卻渾身汗津津的了。

「嗐，這位小姐真是糟糕！」

我憤憤地說。可是心裏還沒有放棄她不來的希望。想到她在電話上是那麼的肯定，怎會黃牛呢？可能又在什麼晚飯席上被酒糾纏住了，像前天晚上那樣。所以我還在左右打量著行人。

「你是拿著雞毛當令箭喏！」

劉韻詩的不滿之詞出口了。他陪我在巷口總也站了有一小時之久。他站在巷口時，還建議我到仁愛路去瞭望著。他對事對人都非常熱心而認真。不過有時不大信任別人。

「我看我們還是進去等吧。」任粱說。「如果知道地址，不會找不到的。」

「我看這樣好了，」袁麗陽建議說，「我來接老馮的班，他這兩小時的衛兵站得夠辛苦了。你們把老馮請進去吃些點心吧。我一個人在這裏瞭望著好了。」

我聽得出老袁的話裏夾有幽默，比老劉的那句話還使我難受。遂說，「算了，我們不等了。」說過便憤然向巷內走去，果然，大家全隨我進去了。

我坐下後就拿起一塊蛋糕向嘴裏填。實則，我一點食慾也沒有，祇是用以掩飾內心的愧疚與不安。那時，我有如一個替朋友邀請朋友吃飯，結果，不唯主人沒有到場，似乎連請客都沒有那會事似的難堪。

「一位從來不相識的人，」劉韻詩又說話了。「見面還沒有五分鐘，就會拿出一大根十兩重的金條交給你，」他搖搖頭，「聽你說我就有點不大相信。不過看到你老兄那麼狂熱，我這老朋友能不表示支持你嗎！今晚來開會的時候，我還這樣想，人家可能只是一句話吧！哼！」他自信的用鼻子嗤哼一聲，把頭幌了幌，「果然不出我所料。」

「那你未免料之過早，」袁麗陽說，我知道他是在打圓場。他看了看錶，我知道快九點半了。「這位小姐可能有別的事不能趕來。」

我看老劉還要講話，卻被任粱的話岔開了。他說：「我看，不管那位小姐來不來，我們談別的吧。」於是，他談起了留美。似乎大家都很掃興，不到十分鐘就散了。

第二天一上班，就要電話給任粱，還冀望我們走後她又趕來了。任粱則答說他到十二點才睡，根本無人來找。滿以為閔汶會在這天打電話來，向我說明她昨晚未能趕來開會的原因。所以一整天都把全神貫注在電話的鈴聲上，在中午的休息時間內，我都未離開辦公室，我的心臟都被電話的鈴聲敲腫了。雖有幾次是找我講話，卻無一次是閔汶的電話，上午我還堅信她一定會打電話來，當上午過去沒有接到閔汶的電話時，我想下午一定會打電話來，可能昨晚被朋友灌醉了——她前晚和我初見面時，我不是嗅到她呼出的酒氣，以及她說這些人真會鬧酒，沒吃完就回來了嗎？所以我這樣想，可能上午還在睡覺，下午才起床。但下午又過去了，照舊沒有閔汶的電話。我想，也許老劉猜得對，我在拿著一根雞毛當令箭。可是，想到她要把那條金子交給我的時候，那態度及語氣是多麼誠懇，怎會是隨便說說的呢！我頗為後悔沒有接受她那條金子，如果我昨晚有那條金子拿出給大家看，老劉就不會說那種話來刺我了。但，她昨晚沒來開會，今天又沒打電話向我說明理由？倒也令人疑忌。怎麼回事呢？我卻又慶幸我沒有接那條金子了，如果那金子是假的，我收下之後可就有了麻煩了。難道她是個騙子？……

……我那時真是胡想了很多。如今想來，這該是怎樣一種力量操縱出的心理呢？

下班時，我又騎車繞到中正路一〇〇巷，應門的還是那位章老太太（在今天想來，那位章小姐的母親並不老，不過四十餘歲），她說閔汶一直沒回來，還向我說，「連你已經有四個人來找過她了。」

就這樣一連三天，連一點消息都沒有。當然，我無處找她。可是在這第三天上午，梁芸卻來了信，說是關於雜誌的意見，除了她和我談的之外，其餘的都告訴了閔汶，一切由閔汶代表她發言。想來閔汶不是騙子。我寫信把那晚開會的情形告訴梁芸。就在那天下午，我收到閔汶的信；她到花蓮去了。

一點不錯，信是花蓮寄來的。信上一再向我道歉，說是那晚未能去參加開會的原因，是一言難盡。第二天一早就搭飛機到花蓮來了。附帶的任務是，把花蓮女子中學的聘書退還。她並告訴我，曾在那裏教了一學期的理化，感到教書這職業對她不適合，遂決定辭去。回台北後，將一心一意跟大家夥一起搞雜誌。一兩天內就回台北，由她作東請大家吃飯。我把閔汶的信傳給老劉等幾個人看。就在那第二天的下午，閔汶翩然又到了我們的會客室。

（這天下午，會客室的值勤小姐不是那位李小姐，要不然她又要向我做鬼臉了。）我把她接待到大樓前面新蓋的中山室，打電話把任梁等人都約了來。閔汶要實行她信上的諾言，約我們到螢橋去吃烤肉，就在那裏邊吃邊聊。她的誠意，使我們無法推辭，於是我們答應了。可是晚上我們四個人到了那裏，另外還有一個客人，是一位約莫四十歲的男子，從穿著及臉色上看，可以想知是一位頗有經濟基礎的人。白白胖胖，西服都是上等剪裁。閔汶介紹說他是陳經理，是西方什麼一個大藥房的代理商。看情形是他在替閔汶作東。不過，他很沉默，好像連我們在熱列討論雜誌計劃都沒聽。

由於閔汶的熱心，我們鄭重其事的討論雜誌的組織等等，光是雜誌的名稱就爭論了很久。本來，閔汶還帶著一封梁芸的介紹信來的，信裏面已經附著她擬訂的創刊計劃，直到這晚吃飯時，閔汶才拿出給我看。她提出的名字是「浪淘沙」，我認為那是鴛鴦蝴蝶派的刊物名稱，我提議用「星沙」，意思是以小喻大。而且，星光下的沙也閃閃發出誘人的光。任梁和劉韻詩讚同「浪淘沙」。照說，閔汶應支持梁芸，她是她的代表。偏偏的她和袁麗陽支持我提出的「星沙」，結果是三對三。閔汶問那位沉默中的陳經理說：「怎麼樣?大經理，你投一票吧?」他笑笑說：「我是外行。」於是我們決議是把這兩個名稱送給朱鐵吾經理，祇要他投上一票就決定了。除此之外，我們推定了任梁為社長，閔汶為經理，朱鐵吾為發行人，我為編輯委員中的執行編輯。但凡是決定刊登的稿件，則必須所有編輯委員通過。我們創刊的計劃就這樣決定了。

我總覺得那位陳經理的沉默，像是心頭有事似的，在我們暢談創辦雜誌的時候，他不時的偷偷看錶。手上雖然拿有一本英文小說在看，似乎並沒有看進心裏去，半天才翻一頁，有時一翻兩三頁。目光時時移到河那頭，公館方面沿淡水河的燈光上出神。所以，當他聽到我們談到「就這樣決定」的當兒，他站了起來伸了個懶腰，甜米漬地笑著向閔汶看了一眼。而閔汶好像興致正濃，一點也沒察覺到那位經理有散席的意思，當她看到她站起身來看她那一眼時，她就說：「哎，陳大經理，你瞧，茶都涼了，你招呼他們重泡一杯好吧！」那位陳經理雖答應一聲好，可是那「好」字則是在他第二個懶腰中答應出來的。那時已近九點了。

「不必了，」任梁搶先說，「謝謝閔小姐，」他向我們使眼色，「我們以後聚會的日子還多呢。」

我們四個都站起來告辭。可是閔汶意猶未盡，一再說「再聊會兒，還早嘛！」她看看錶，「九點還不到。你瞧，」他忽然興有所之的用手指著淡水河上的點點漁火，「那多好玩，」她馬上把臉轉向那位經理，「哎，陳大經理，借條船如何？到河上遊遊一定好玩。」

「我可不敢；」那位陳經理說，「在這黑更半夜的，別說租不到船，租到船我也不敢帶你們下河，出了事我可負不起。」

「你們瞧，」閔汶哈哈笑了起來，她指著陳經理向我們說，「有錢的人多麼怕死。」

我們四個也紛紛地說有事，要向他們告辭了。

「好吧，老陳，」她以命令的語氣說，「你關照司機把我這幾個朋友一個個全送回去。」

那位陳經理雖然嘴裏說著「那倒可以。」而我們卻全看得出他心理上的勉強。任梁和袁麗陽回說是騎單車來的，於是閔汶馬上改換主意說，「那麼這樣好了，馮劉二位搭我們的車，送你倆一趟並不麻煩。」

袁麗陽和任梁也要我倆坐他們的車回去，那位陳經理似乎急於要走，已招呼坐在另一邊茶座上的司機去開車了。等我們走到岸上時，一輛黑色的流線型小包車已停在路邊，司機已把車門打開，恭候主客上車。閔汶和任袁二位握手告別時說，「以後我向你們請教的機會多了。我什麼都不懂。」那位陳經理的手臂已箍在閔汶的腰上，在推她上車。他真是急於要走了。我想他一定有什麼急事待辦。

坐上車之後——那位陳經理坐在前座，他回頭問閔汶，「到那兒？」我連忙回答「長春路底。」我和老劉住在一條街上。可是車子剛開到泉州街，那位陳經理又回頭說：「哎，閔小姐，我們先在中國之友社下車，然後再送馮劉兩位先生去長春路，省得我們再繞一個大圈子；你看怎樣？」

閔汶略加猶豫，遂答說：「好吧，就恁麼的。」

第二天，任梁和袁麗陽都打電話問我閔汶是幹麼的？我把我知道的告訴了他們。他們兩個有一個共同的看法，那就是這位小姐太活躍了；他倆表示如果光讓她出錢則可，如果她人也加入，那一定搞不好。這是我那次籌辦雜誌受到的第一盆冷水。當然，我不能否定他們的看法是錯的。雖僅僅經過三數次的接觸，我也深深的感到這位小姐的性格是太不穩定了。第二天晚上，大家正在加班的時候，閔汶又打來了電話。她在火車站，告訴我她已買好十點鐘南下的快車票，要我到車站去送送她。我回說手頭有公事離不開，她則堅懇要我到車站去一趟，她說在鐵路餐廳候我，還有話要向我說。那時已九點半，我向同事吱唔了一個理由，便走出辦公室，喊了一輛三輪去車站。

到了鐵路餐廳，一進門後，當我四處打量閔汶的坐處時，一位侍者走來問：「請問你是不是馮先生？」我答是，他即順手從袋中掏出一張兩折疊起的紙條給我，說：「有位小姐要我留交給馮先生的。」

我打開紙條，上面寫著：「馮：我走不成了。打電話給你，說你不在，我想你是到車站來了。本想等你，可是不成，我還有戲沒演完。累你空跑一遭，改天再作補償。汶留。」一筆龍飛鳳舞的草書，使我看了兩遍。在我讀著紙條時，那位侍者還補充了一句說：「剛走，跟一位先生同道走的。」我想必是昨晚那位經理。

走出鐵路餐廳，我像賭輸了錢，走出賭場那麼的空虛與迷惘，更帶著幾分被騙的疑惑與莫可如何的憤然。就在那一霎那間，被她激起的辦雜誌的熱情，又全部被她那一紙字條流洩出的冷水澆息了。我想，任梁和袁麗陽的看法完全正確，劉韻詩諷刺我拿著一根雞毛當令箭又何嘗不對。我真是懊惱透了。當然，我那當時的懊惱心情，自是從一種有所失的情緒中產生的。

一直到了第二天，到辦公室後，窩在心頭的懊惱情緒仍未散失。好在手頭已無重要公事，我又出神的向窗外眺望。而那農家的小樓，似乎也是空蕩蕩地，連一隻白鴿的蹤跡也沒有。窗前的杜鵑花也都謝了，新鋪的草地卻越來越青起來，有幾株新植的棕櫚樹乾枯了，它卻不像一般樹木的死，枝枯葉落。它的葉子雖然乾枯了，仍舊直挺挺地生在榦上，不但不衰落下來，也無垂頭喪氣之概。從它，我好像得到一些什麼啓示，突然地，我的精神又煥發起來。難道說沒有這個女人參加，雜誌就辦不成了嗎？如果是這樣，那我們這幾個男人也未免太缺乏丈夫氣了。於是我又按照計劃去進行，站起身來再去打電話給朱鐵吾，——先一次電話他不在家，把昨晚的決定告訴他，電話搖不通。窗外有鴿群突起的一陣旋風似的掠過，那位姓顏的同事把頭伸到窗外去看，我聽到他在說「要是再飛進來一隻，非捉到把它捏死炒了吃不可。」我知道他是說給我聽的。那天，就是他提議著關窗關門，而我則哀懇大家不要捉它，才放走了那隻鴿子的生命。此後他一直不高興我。坐在他對面的老王則說：「沒有那多稀巧事兒嘍。」

我放下電話轉回我的坐位，正好有一線陽光，像探照燈似的射在我對面同事的桌上。「嘿，天睜眼了。」他說。那些日子，總是時晴時雨。我探首窗外，看到天空的雲，已經淡了，薄了。白色的鴿群又從北方向南掠過，揚起一陣斜風，飛起了桌上的文件。

「沒有鴿哨的聲音。」我說。心裏確實希冀聽到鴿哨的聲音。

「鴿哨是為了招引那沒有回窩的鴿子才放的，」坐在我對面的同事說。「那找不到家的鴿子聽到鴿哨，就會飛向那帶有鴿哨的鴿子一起飛回去。」

我那位同事這樣說。但直到今天，我還弄不清鴿哨是怎麼一回事；它究竟是怎樣一種東西？帶在鴿子身上的什麼地方？我始終一無所知。祇因為我在它的鳴聲裏認識了閔汶吧？還是因為它還啓示我悟徹到一些什麼？我卻無從說起，而我總是不能忘記那鴿哨的長長笛音。也許正因為我不知鴿哨是怎麼一回事吧？所以它在我心理上，祇烙印下一種星色的神秘。

秘密完全是主觀心靈上的一種感覺，這種感覺有如佛家的「禪」經，有其「不可說」、簡直是「不能說」或「無從說」的一種心境。就像那群白鴿打從窗外掠過一樣，它馬上就把我剛才所有的懊惱情緒都載馱去了，頓時，我的陰鬱心情又恢復了晴朗。所有的雲霧都無形消散。

每人都有一個身不由己的生活處境。我現在才知道這樣想。人為了要適應自己的生活需要，往往會放棄了自己的意向。因為人是社會的一份子，雖有其個人的自由意志，當他面對著他生活周遭的人事物的時候，便無法任性的去展施其自由意志。無論你是多麼的想主有自己，也無法獲得「絕對自由」；儘管你的生活是為生活而生活，但由於你的生活必須從你自身以外去獲得，你就不得不遷就別人。所以我們凡事最好能退一步想，能退一步想就會減少無謂的煩惱。就像窗外的那群白鴿，它們還得聽從那小樓——養鴿人手上的白旗召它們回巢呢。有時，它還得逃避鷹隼的襲擊，飛到它不願去也不該去的地方呢。我那當天可沒想到這些，我祇是被那群白鴿在窗外舞出的銀色的翼，把我心頭的陰雲掃清了。也許是另一種心理的驅使，不多久我又殷切地期望著閔汶有電話打來。不過，已不像前幾天那麼驚心於電話的鈴聲就是了。

那天，我不時的把她留給我的那張字條，掏出來反覆地讀了又讀。對其中那句「我的戲還沒演完」，想了又想。她究竟演的是什麼戲呢？她扮演了怎樣一個角色呢？她說有話要跟我說，是指的這句話嗎？等她電話來時，我第一句就得問她這句話。

那天，閔汶並沒有電話來。

晚上，我去三重埔。見到朱鐵吾，把我們決定的情形告訴他。當他聽我興奮地說出了創辦的決定，知道我們的創刊計劃已是箭在弦上，他的表情竟嚴肅起來了。第一句話就說：「發行人我不可能擔當。」過去他曾滿口應承過的。於是他把他不能擔當發行人的理由，來了一個長篇大論。說來我們真是天真，就在那天我才知道辦雜誌還需要那麼多麻煩的登記手續，市政府社會局、省政府新聞處、內政部，還有保安司令部，以及基金存儲帳户的證明等等；才知道發行人就是雜誌的法人，要為雜誌負責一切責任。這些都是我們這幾位仁兄不曾想到的。聽到老朱那一篇説詞及質詢，我啞然不知所對。最後他說，「咱們是多年的朋友，我一定幫你的忙，給你一份廣告，」說著他關照那位事務股長，「寫一份廣告給老馮，另外開五百元的支票。」再回頭向我說：「我什麼名義也不要。」跟著便向我大訴其生意難做，説是開年來，營業還不夠開支。我知道他過去和我談起的，才真是不折不扣的海闊天空，他所説的「老馮，你還是辦份雜誌，寫文章能賺幾文；你辦，我全力支持」的諾言，兑現的祇不過五百元的一份廣告而已。我惘然不知所措，不知收下那張支票好，還是不收下那張支票好。至此，我才洞然他何以兩次都藉詞拒絕參加的真正原因。這或許就是商人和文人不相同的地方吧。

我拒絕了那張支票，只收下了那張廣告。告訴他等雜誌出版，廣告刊出後，再向他收款。他雖一再要我收下那張支票，而我卻堅持不受。我看出他知道我頗不高興，也由他去了。我告別出來，一走出他的大門我就把那張廣告扯成碎片，向空中一扔，蝴蝶似的飛去。

我和梁芸談起辦雜誌，本是朱鐵吾的話引起的興致，如今，卻又被朱鐵吾的話把這興致予以打消。的確如此，從這天起，對於創辦雜誌的狂熱，已降落到零下，「就是閔汶來，她願出一萬元我也不幹了。」那時我就這樣決定。第二天就把創辦雜誌的那些、預先不曾想到的麻煩，寫信告訴梁芸。任梁和袁麗陽也未再向我問詢，我知道那晚從螢橋歸後，他們就打算撤退了。就那一連幾天，也沒有閔汶的電話和任何信息。連梁芸也沒有及時回信。澎湃了多天的心情，已漸漸平靜下來。心裏祇存留著一個問題，「閔汶究竟演的什麼戲呢？」就在我澎湃的心情已經平靜下來的時候，又接到了閔汶從屏東來的航空快信。告訴我她於四月六日搭快車北上，九點半可到台北。要我準時到車站接她。收到信時已是當天下午，晚上，我準時到了車站。

我以為會空跑一趟，要不然準會碰上一位像我一樣被召去迎接她的人。所以我到達車站後，遙遠地站在公路局的汽車站那裏，可以清楚地瞭望到，從車上走下來，通過出口的旅客。也可以清楚地瞭望到，那一個個撲在出口兩旁柵欄上，以及站在出口處，衝著月台在找尋他們要迎接親友的人。我當時想，如果閔汶是坐那班車來，我發現還有其他的朋友去接她，那我就會退躲到公路局的汽車站中去，不致和閔汶打招面。免得使自己尷尬，也使別人尷尬。我也鬧不清我怎會有那種心理。這或許是一種自卑感在作崇吧。

果然，閔汶來了。我看到她走到出口處，略停了停，向柵欄外東張西望。這天，她打扮改了。穿一條銀灰色西裝褲，白襯衫，敞襟的黑毛衣，左脅下挾著一小包東西。比穿旗袍顯得年輕得多，像一位大學生似的。我注視著她，見她向柵欄外望了一霎之後，就尾隨著其他的旅客走出柵欄。我見她惘惘地又向左右張望了一霎，三輪車夫和出租汽車向她圍攏，這時，我猜想沒別人接她，才匆匆地向她走去。當我走到她近前喊了她一聲的時候，她已把三輪車喊妥了。

看到我，她的眉毛俏俏地一揚，說：「嘿！你來了。」說著把挾在脅下的兩本書交給我。我還沒看清楚是兩本什麼書呢，她就繼著說：「走，去取行李。」說著她向行李台走去。我和那位三輪車夫尾隨在她身後。

「什麼行李？」在走著時我問。

「鋪蓋箱子。」她說。

我以為她真的要來全心全意的辦雜誌呢？遂馬上說：「我們的雜誌還有不少的問題。」

「那就慢一點好了。」她一點也不感驚異地這樣回答。我以為她一定會回過頭來，驚異地問我為什麼？因為她的鋪蓋箱子都帶來了。就在我這一霎那的驚詫意念產生的過程中，她的下一句話也說了出來：「我將要去民航隊工作。」她又停下來回頭望著我說：「你別急，等我工作定了，咱們慢慢計劃。」說著她把手腕攀到我的臂彎間，好像有幾分向我表示歉意的心情。

突然，我好像失落了一些什麼，把剛想說到嘴上的話也失落了。我遂下意識地就話答話，「再慢慢計劃。」

說著已走到行李台。閔汶拿出行李票，行李台上的人接過她手上的行李票，看後又交還給她，答說：「還沒有到；」要我們再等五分鐘。

「那麼，」她望著手上的行李票猶豫了一霎，馬上回頭問我，「馮聰你吃了晚飯沒有？」我當然吃過了晚飯，那時已經十點了。於是我問她，「你沒有吃晚飯？」

「吃了，」她答。「排骨菜飯，蓬萊米太膩，沒吃完。走，」她用手把我的衣袖一扯，說：「陪我到餐廳吃碗麵。」

「小姐，」那位跟在身邊的三輪車夫，可憐兮兮地叫。他怕生意丟了。她才想到三輪車夫已經喊妥。遂把手上的行李票隨手就往那三輪車夫手上一塞，說：「行李票交給你，你在這裏等我們一會好了，我們吃完麵就出來。」

那位三輪車夫接過她突然塞到手上的行李票，有點兒怔愣，我也突感怔愣。怎好把行李票交給一個素不相識的三輪車夫去領呢？我很想從那位三輪車夫手上把那張行李票要下來，而我卻沒有這樣做。而那位三輪車夫怔愣了一霎，馬上追前一步——這時閔汶已轉頭向餐廳走去了，纔意意絲絲地帶著笑顏說：「小姐，我在這裏等你好了。這不要給我。」閔汶一回頭就說，「沒關係，」但行李票我已接到手上了。我向那三輪車夫說：「好吧，你就在行李台那裏等，我們絕不會再喊別人的。」他連稱好好。

鐵路餐廳沒有麵賣，業已打烊了。還有咖啡和牛奶。閔汶說她不喜歡牛奶，於是我們又走出來。我問她去民航隊作什麼事？她答說還不是打字一類的事。她一眼看到一輛正拖進行李櫃台內的行李車，遂高興地喊著說，「到了到了。」我們走向行李台。閔汶指著行李車上的一隻小皮箱說，那就是她的箱子。

我把行李票交給櫃台內發放行李的人。回頭去找那位三輪車夫卻不見了。向我兜生意的是另幾位。我告訴他們車已喊妥。可是等閔汶把行李箱領妥，我還沒有發現那位先前説妥的三輪車夫。向我兜生意的幾位車夫見我在找，他們就紛紛向我說：「拉生意走了。」於是，我們又喊了另一輛。

那時已過十點，閔汶則要我陪她到住處去。說是新租的房子。雖然我在本分上，知道我是該回家了，當閔汶坐上車，招手要我上車坐到她身邊時，我還是坐了上去。她告訴三輪車到漳州街。

坐在三輪車上，我心裏一直在盪漾著不安的波濤，幾次想說：「我還是回家去。」但終於沒有說出來。而我卻在心裏決定，送她到住處，我就告辭回家。閔汶很高興的哼著「脂粉雙槍將」影片中的插曲，我沉默著，一直想到我回家會太晚了。突然，她用手肘向我腰間一搗，說：「喂，你太太脾氣好不好？」我稍加遲疑答說「很好。」

「那你很幸福。」

「唔。」我恬適地漫應著。

「哎，我給你的兩本書呢？」

閔汶若有所悟似的問我。這時我才想到兩本書丟了，丟在行李台上。我說，「噢，遺失在行李台上了。」

三輪車夫聽說我們遺失東西在車站，連忙剎車回頭問我們是否再返回車站？閔汶答說不要，揮手要他繼續走。我歉然地問：「是兩本什麼書？」她答說不關緊要，一本戲考一本包法利夫人。要我明天到車站再去問問就可以了。找不到也隨它。

街上的行人已很稀少，那時的台北尚無今日這樣繁華，像公園路和南昌街煙酒公賣局前那一帶，在夜晚十點以後，簡直寂靜得怕人。祇有偶爾一輛兩輛汽車或三輪車駛過。時令雖已進入初夏，夜風拂來，還有幾分寒意。我初換上夏服，晚上在辦公室加班，提前從辦公室去車站。中午有太陽，暖洋洋地不用穿毛衣，晚間頗感微寒。所以我把雙臂作環樣抱在胸前。

「你冷嗎？馮聰？」

閔汶關心地問，拿手摸摸我的手。我連忙回答不冷。她把手平張開來，那是她的左手，從我的右手腕裏方伸下去，我的右手也順應著那自然環境的趨勢張開來了。於是，我們的左右手平合在一起，手指與手指緊扣著。她稍稍用力地握了我一下，把上身一欠說：「我能進民航隊真高興。」我才想到她今晚之這樣高興，想必都是從這件事興起的。她的手溫暖而棉軟，有絨樣的東西在我心裏漂弋起來。

「章以明要和鮑比去美國，你知道吧？」她說。聽到她說到鮑比那個名字，我想大概是住在中正路一〇〇巷的那位章小姐，可是，我怎麼會知道那些事呢？我祇見過那小姐一面。好像閔汶也不是想問我知不知道，而是高興地想說這件事，隨著她不等我回答就又說，「她跟鮑比赴美，介紹我抵她的工作。你說好不好？」我答當然好。

「喂……」她頓脚指揮三輪車，「這邊這邊。」

三輪車踩向牯嶺街那方向去了。踩回頭，轉彎不多遠，閔汶說「到了。」

當三輪車停下還未把行李拿下來，她就付錢。三輪車夫一手提著箱子一手提著舖蓋，準備把它隨同送進去。閔汶則小聲的要他放下，她輕輕地走近門去，拿鑰匙出來把門打開。回身揮手要那三輪車夫走。一邊提起箱子，一邊小聲說「馮聰你拿舖蓋。」本來我想搭原坐的三輪車回去的，她要我拿舖蓋，就便失去了原來的主意。那位三輪車夫衝我們怔愣了一霎，才轉身喀嗒一聲打開剎車，把車子推轉頭去。我提著舖蓋跟在閔汶後面進門。進了門她就回頭輕聲吩咐我把門關上。那是一扇大門上的小門，裝有司必靈鎖，隨手輕輕一推就關上了。靠大門的右手有一道圍牆，牆邊有一小門，一扇破舊的木門半掩著。我跟閔汶從那小門進去，有一個小院，左手五六尺遠就是一幢日式房屋，而我們卻不是向那幢日式房屋走去，是向靠大圍牆門裏方右邊的一幢獨立小房走去。大概有三十尺遠。閔汶躡手躡腳的走著，我也不敢邁起沉重的大步。現在想來，那行徑真像小偷。後來才知她怕驚醒房東。

到了那間獨立的小房門口，閔汶打開鎖，當她輕輕地把門打開時，有一片白色的東西，像蝴蝶似的飛落到我腳下。閔汶回過頭來，不敢用音帶發聲的口腔音問：「什麼？」我彎腰拾起，見是一張名片，我沒有回答就交給了她。她接過就順手放進了毛衣口袋。我隨她進去之後，可從半圓地下弦月色裏，看到房內的一切，只有兩張單人床，分開擺在房中央，其他似別無家具。兩張床上都堆著未整理的被物等。我隨閔汶走進房後，她放下箱子就走到右邊的窗口，把窗帘撥開一個縫，向那幢日式房屋看了一眼，我順著她的目光望去，可以看到那幢日式房屋的窗帘內，有黯淡而橙黃的燈光。我的心在噗通噗通地跳。房子雖然是塌塌米的，她還是躡手躡腳地走向我，仍舊不敢用音帶發聲的口腔音問我：「你怎麼辦？」她的鼻子幾乎要和我的鼻子相碰。

「我回家。」

那是上帝要我這樣回答？還是我性格上本能的怯懦？至今我也無法肯定。我也是用那種不敢用聲帶發音的口腔音回答；不過，我答出的那三個字，聲波都顫抖著，有如面對一條深淵想邁而又怕邁不過去的那種恐懼與希冀。但當我剛剛說出「我回家」，她就說「好，我送你。」仍是那種不敢用聲帶發聲的口腔聲音。說著用手抓住我的膀子就向門外推。我抓住門框，輕輕邁出門檻，心頭有霧樣的氤氳在擴展著。由於我一腳邁出太大，正好腳跟踏到門外一磚多高的台階上，滑了一下，如果不是手還抓住門框，險些摔了一跤。這一滑卻使我心頭正在擴展中的霧，煞焉間飛散去了。閔汶連忙兩手抓住我的手臂，還是那麼小聲的驚呼：「啊！小心。」繼著說，「輕聲點，別驚醒了房東；這家房東怪透了。」

我們躡手躡足的走出大門。門外有蒼茫的月色。她要送我一程，當她伴我走到路燈下，她掏出那張名片，映照著路燈光去看，「噢，是楊允礽先生，」馬上問我：「你認識楊允礽先生吧？」我答說認識。楊先生是當代文壇上的一位名人，同時，更是一位頗有社會地位的人。我曾和幾位文友拜望過他一次。「嘿！」她把名片交給我，「你看，這老頭子來看過兩次啦！」我接過名片，果見背面寫著：「我這是第二次吃到你的閉門羹了。昨晚等你吃晚飯等到七點半。看樣子要派判官帶小鬼去抓你了。礽留。」我把名片交給她時，心裏方始想到，原來她不是才搬到這裏，已經住了多天了。

「不要了。」她接過名片就扔到地上。我想說句什麼，正好有輛三輪車駛來。我連忙喊住，回頭向閔汶說，「我走了。」

「好吧，明兒見。」她說著轉向三輪車，「喂，到長春硌，給你十元。」那三輪車夫一邊接過她遞過去的十元錢，一邊說，「啊，小姐！」我正在說「你不要給，我會給他。」閔汶沒有理我，可以說根本沒有聽見，她一看三輪車好像嫌少，遂又順手掏出一張，說「再給你十元，快點兒蹬。」我頗為尷尬的望望閔汶，想說的太多了，而我卻沒有說出來。她看我遲疑著，遂用手把我一推，說：「快上車，天不早啦！」

和她道聲再見。三輪起步時，她用手放在嘴上，送給我一個飛吻，還小聲的說：「哎！別忘了來看我。」

3.

人之所以異於禽獸者，在於人有其辨別是非善惡的本能。否則，人要是光憑一股熱血衝動去作為，那就與禽獸無異了。但，由於人從獸進化而來（這不是宗教家的說法），他內心中還潛伏著他原始的獸性。所以，儘管人有其辨別是非善惡的本能，而它祇是一紙忠告，並非一道關卡。它祇是警惕人不要去為非作惡，卻無力像關卡一樣地去阻止著你步入那邪途（縱關卡嚴密，有時人還要偷渡呢）。因而人的慾念，可以在他未付諸行動之前，愛怎樣想就怎樣想，誰能干預到，又誰能洞悉到呢？我想，見美色而不生邪意者，祇有文學的世界中有其人，在現實世界上，我敢說未之有也。雖然在基督教義上，認為你心理上有了邪惡之念，都是犯罪。這只是一種戒律上的嚴格要求，其實，誰能做得到。我們的聖人，則不管你心裏想些什麼？無論你意念中存在多麼大的邪惡，祇要你不付諸行動，那就是好人了（完人當然談不上）。故處處以「禮」約之，所謂「非禮勿言，非禮勿視，非禮勿動。」話似乎越說越遠了。總而言之，都因為人這動物的靈性太高了，它們有瞞天過海的本領，它們有天（神）不怕地（鬼）不怕的膽子，人與人之間要是沒有那麼多的戒律，人就會連倫常都失去。固然，人性中還有理性，說來，理性還不是從倫常與戒命上建起的嗎！更可以說，我們世界上，所有存在的文字，總有一半是談論人的文學，也大都是要人如何做「人」。實由於人有一種不會被人觀察到的慾念存乎心間，不給他們指出「人」的大道，任他們的慾念所之去為，那還得了！

就拿那天我送閔汶回去的那幕景象來說吧，要說我心裏不曾存有邪念，那就是昧心話了。而我居然會毫不遲疑地答出「我回家」三字，而且恐懼著；閔汶聽到我回答的這三個字之後，也毫不猶豫不反常的說，好！我送你出去。顯然地，我們雙方都還沒有完全被獸性控制。祇是遭遇了它第一次侵犯而已。再換句話說，在我們雙方心田上，倫常還據有一個很大的天地，當獸性入侵時，縱然沒有抵禦的能力，還有一個廣大的天地可以後退。儘管如此，在我的觀念中，可並沒有完全放棄了邪惡的思想。當閔汶給我一個飛吻，甜甜地說「記著，不要忘了來看我」的時候，我幾乎想從三輪車上跳下來，跑過去死命的擁吻她。然後……終被上帝的大手把我抓住了（說是上帝的力量比較正確，我現在這樣想）。我不想密密濃濃地寫出我坐在三輪車上前思後想那些心理狀況，我不想拉長這篇小說的篇幅。一言以蔽之，可能發生的，好的一面和壞的一面我全想到了。不過，值得向大家描述的還是我當晚到家的情景。

真的，那情況至今還恍如昨日。我確像一位不忠的丈夫（雖然我沒有做什麼），終有一天在反常的時間內回家，生怕妻子追問似的情性在忐忑著，一路上想了很多搪塞的理由，甚且遲疑著想到近處去開一夜旅館，第二天推說昨天到桃園或新竹什麼地方出差去了。更希望能撬開窗子進去，悄悄地躺在她身邊；我知道玉理（我太太的名字）經過一天的勞累，晚上總是睡得很熟的。誰想走到門口，房內則燈火通明，籬笆門開著，房門也開著，而且還在講話。推開籬笆門，就看到鄰居張太太的身影，她帶管著我們的第二個一歲半的孩子。我雖然昂昂然走進門去，心卻萎縮著。大概張太太首先聽到我的腳步聲，她回頭見是我——我正一腳踏進房去——像大旱中見到一塊雲霓地喊：「馮先生回來了。」我看到玉理正彎著身子在床頭上做什麼，她聽到張太太說我回來了，也好像一個失足落水者，忽然抓到一塊朽木似的直起腰來向我說：「珏珏病了。」有汪汪的淚水在她眸子上漾漾閃鑠。「突發高燒。」我聽到珏珏的輕咳聲。我心上的忐忑平下去了。

「你到那兒去了？」張太太是個爽朗性子，一口湖南長沙音。經她這麼一問，我心上的忐忑又砰砰跳起。真是一時不知如何解釋。跟著她又說：「你太太打幾次電話都找不到你。」

玉理又彎下腰去用手拍著珏珏，我才看到床前有一隻臉盆，裏面放著一塊冰，她正為珏珏用冰敷。她聽了張太太說過，還解釋一句說：「祇打了一次，有一次沒打通。」我正答說是在朋友家打百分（一種撲克牌的遊戲）。

我走過去摸摸珏珏的小手，熱鐵似的。

「下午還好好的，虎蹦亂跳，」張太太解釋著，大概怕我怪她，「晚飯前還吃了那麼大一塊蛋糕。」她用手比擬著。

我沒有理張太太，忙問玉理「看過醫生沒有？」玉理答說八點鐘時才發現他發燒，呼吸迫促，抱到小街上那家藥房中的醫生看，說是扁桃腺發炎，打了兩針，要明天早晨再抱去看；又怕是出麻疹。她又摸摸他的手腳說：「現在燒更高了。」我低頭看到珏珏的鼻子，鼻翅一張一合的。張太太在出主意了，「快抱到醫院去看吧，」她說。「別耽誤了。」王理問我什麼時間，我看看錶已經過十二點了。玉理說是太晚了，還是明天再去醫院。而我則有要藉機贖罪的心情，同時，也生怕珏珏是肺炎，耽擱不得。遂提議由我馬上抱到醫院去。家裏還有玫和理理，須母親照顧。張太太聽說我要抱珏珏去醫院，忙著出去喊三輪車。

果然，珏珏是肺炎；當夜辦理住院。玉理第二天要為她負責的幼稚園主持運動會開幕典禮，遂一早趕到醫院來，除了看看孩子的病況，還一再向我歉意地說，「你請假陪孩子一天吧，我今天一天不能離開。」對於我昨晚的遲歸，她一點都沒在意。

珏珏住了五天醫院。我請了三天假，玉理請了兩天。在醫院中看守著珏珏的那幾天，雖一再懊悔著為自己定下戒律，最好少和閔汶來往，不要再辦什麼雜誌了，就是以後有所交往的時候，也把距離拉遠些。女人確像一條懸崖下的深淵那樣，你如不時時加以警惕而稍稍向前邁進一步的話，就會跌入那深淵，縱使能爬上來，不摔傷也一身泥污泥污的了。可是，想歸這樣想，而閔汶的那句「別忘了來看我」的聲音與語氣，卻時時在耳鼓上敲響著。甚而珏珏的哭鬧都無法把那聲音從耳畔趕走。

上班後，第一件事就是察看信件，問問同事有什麼電話沒有？兩樣全沒有。我想閔汶一定打過電話來，這三、四天了。接電話的人回說請假，她也許會誤會那晚回家遲了，和太太吵了嘴呢？又一連幾天，沒有信也沒有電話。那時我很矛盾，一方面欣幸這樣倒好，一方面卻又頗感迷惘！有幾次想去漳州街看一看，都忍住了。但卻連寫了兩封信給梁芸，是一種發洩吧。在那下個星期才接到梁芸的回信。關於辦雜誌洩了氣的事，她責我虎頭蛇尾。她說她對此事還沒死心，要到台北來找我和閔汶詳細談談，並託我問問閔汶住的地方可否住下她，省得開旅館又化錢又不安。這樣一來，在心理上我好像得到聖旨似的理直氣壯，因為我有了正當的理由了。當日下午我就請了兩小時的假，趕去漳州街閔汶的住處。我袋裏揣著一封信，那次去曾確定閔汶不在家，把信塞到門縫中就算了。

小門開著，我低頭進去。一走進那個偏門，就聽到閔汶住的那間小屋裏有女人的哭聲。我楞了一下，不由人把腳步放慢來。夕陽從圍牆外左方那幢平房的屋脊上射來，照在臉上不由人把眼睛蹙起。扭頭看看院中左邊那幢日式房屋的窗口，站著老老少少男男女女四五個人，都正在面向閔汶那間小房——在看在聽。看到我，個個都投以鄙屑地眼光。在這種情況下，我祇有奇疑著一步步向前，走到門邊。走到門邊就看到閔汶斜枕著一堆被子，倚在裏面一張床上發愣，還是那件黑旗袍，不過是短袖的。那個發出哭聲的女人像個「大」字似的趴在外邊這張床上，銀灰色的緊裙，白襯衫，兩手抱著一堆埋起臉的被子在哭；那是一種女人傷心到極點的哭像。

閔汶一眼看到我來，歡躍著一骨碌坐起，那歡喜的情態，可以拿漂流在孤島上的人，突然發現海上有船駛來的那種躍然地歡情。

「嘿！你來啦！」

她屣著鞋從床邊向門口走來。

我站在門邊不敢進去。那位在哭著的女人已聽到閔汶在招呼我，遂從床上站起，向房內裏牆的小門走去，仍未停止她的哭聲。滿腹的委曲都在肩頭上一聳一聳地顫巍著。雖然我未看到那女人的正面，僅從側面我也認出了她是中正路一〇〇巷的那位章小姐。何以會在閔汶這裏哭呢？是我當時的疑問。閔汶沒讓我進去，就用腳，歪了歪穿上鞋子，一邊說，「走，咱們出去，這小姐還有得哭呢！」

「那不是章小姐嗎？」我說。

閔汶點點頭，並使了一個眼色，暗示我不要講話。我明白她的意思，抬了抬眼皮，就看到那窗口間的一堆眼睛，我不自覺地低下了頭，心上有一種羞澀浮到臉上。

剛一走出大門，閔汶就說：「章以明的男友鮑比死了。」於是她告訴我，就在我去中正路的第二天，鮑比就回國了，告訴她說一到了美國和太太辦妥了離婚手續，就可以接她赴美。可是鮑比一到了舊金山，就駕車失事摔死了。「你說小章兒傷心不傷心。」

「消息怎會那麼快？」我懷疑地問。

「顧問團有電報轉給她。」

「確實嗎？」

「舊金山的地方報刊有新聞。」閔汶說，「那張新聞紙已由民航隊的班機帶了來。」

「噢！」我是為那位張小姐深感悲哀。但我忽然想到閔汶要進民航隊的事，那位章小姐去不成美國，她也進不了民航隊了。於是我問，「那麼你的工作呢？」

她把兩手向外一攤，說，「說得是呀！」繼著她又補充一句說：「不過章以明不願幹了；她要去美國奔喪。」

「他們不是沒有結婚嗎？」我說，「那個美國人還另有太太。」

「誰知道呢？」閔汶略帶幾分沮喪地說。「以明這樣說。咱們中國女孩子，就是這點癡情。」她頗為感慨。

我們沿鐵路走著。我把梁芸的信拿給她看。

「那正好。」她說。「章以明明天到嘉義去，要一星期才回來。要不然，沒辦法。」

我頗表不解地望了她一眼。突然想到她房中的兩張床，以及章小姐擠在床上哭。大概閔汶已經看出我對這些的不解，遂告訴我說，這房子是章以明租的，鮑比沒回美國的時候，她們就住在這裏。中正路租來的一間房，是她母親和她第一任丈夫生的孩子住。鮑比走後，她把母親送到嘉義姨家去了。她來了，章以明便拉她同住。原來是這麼一回事。

我們穿過和平西路，我從括號式的柵門走進植物園，閔汶問是什麼地方？我答說是植物園。閔汶在柵欄口遲疑了一下，還看看腕上的錶。我想她一定還有事，也感到她今天不像往日那麼快樂。遂停下來問她：「妳有事嗎？」

「我本來四點鐘有個約會，」她說。「被章以明回來那麼一哭，我卻出不去了。幸虧你來了，不然，我坐在房裏聽她哭，多悶人。」

「妳有事，我送妳回去吧。」

「不，」她說著走進柵欄，攀住我的手膀子，推著我向前走，說：「去坐一會兒。植物園怪幽靜的。」

我們進去不遠，就在林中尋了一塊乾淨的草地坐下。剛坐下她就問我：「你有事沒有？」沒等我回答，又說，「你要是沒事兒，可以陪我到莫建漁那裏去；你們不是見過一面嗎？」

那時，太陽已經落了，雖有紅霞滿天，在植物園的林蔭處，卻已是暮色蒼茫了。我想到這已是下班的時候；想到我家的珏珏患肺炎才好；想到那晚玉理一點也沒有責問我遲歸的賢淑態度；想到當時閔汶心情的煩亂。我遂站起身來說：「我該回家了。我有個孩子病了幾天才好。」閔汶對我說的話，好像沒有聽見。遂用手向我肩上一推，說：「你走吧，咱們改日見。你寫信告訴梁芸，可以住在我這裏。」我要送她，她說不用，便轉身揚長而去。而我卻愕在那裏了。

我望著閔汶頭也不回的走出植物園，希冀她像那晚那樣，揚手送來一個飛吻，說聲「別忘了來看我」的溫情都沒有得到。從她那匆忙的腳步上看，好像她突然想到一件急於要辦的事。我望著她的背影在林蔭的轉角處消失。我看看錶，想到從那裏走到小南門，搭上十二路公共汽車，到家正是下班的時間，心情才開始恬適起來。

把結果寫信告訴梁芸。當然，我仍有期待閔汶打來電話的心情，而且更希望她打來電話時，正巧手頭有急要的公事走不開。想來這心理真是矛盾。從昨晚閔汶在植物園匆匆離我而去的情形想來，我可以想像到她這幾天在張羅著她的工作，周旋著一些可以對她的工作有助力的人事。看情形，她是急於想得到一份工作。雖祇交往幾次，我已看出她不是一位喜歡家庭的女人，可以說她連家庭的觀念都沒有。就我見到的這幾次，她在台北和朋友往還的情形來看，比一個沒有結婚的小姐還要放羈。我知道她這幾天，一定沉浸在另一批朋友的生活圈子裏面。她也必然知道搞雜誌是天真的想法，可能別的朋友也告訴她了。所以我想到她決不會有電話打來；但，我仍那麼希冀著——或者有一封信給我。

隔了三天，梁芸來信，把她的行期告訴我，又是我接到信的第二天，仍舊是那班車；仍舊要我到車站接她。我必須把她帶到閔汶那裏，不去接她怎成呢？於是我決定明晚去車站之前，把事實告訴玉理，這樣我就心安了。第二天上午，向科長吱唔了一個理由，帶著梁芸的信去找閔汶，上午九點的時候，我想她一定還在睡著。

下公共汽車時，那位穿紅夾克花襯衫黑色西褲白皮鞋的男人，與我一先一後下車。個頭和我差不多，在一米七以上，頭髮軟軟地，綣曲著，面色有一種黑色的健康色澤。年紀比我稍小一些，大約廿五、六歲的樣子，由於他那襲紅夾克，在公共汽車上就吸引了所有乘客的注目。因而我在車上就打量過他了。下了車，他在前我在後，奔同一方向走去。走不幾步，他還回頭看了我一眼。當時我想，他也是去找閔汶的吧？果然不錯，他到那裏向左一轉，伸手去按門鈴。他伸手在按門鈴的時候，我也走到他身邊，他一邊按著門鈴，一邊扭頭望著我，當然，他心裏和我揣著同樣的問號：這人是來找閔汶的嗎？

開門的是個半大小子。門一開，那穿紅夾克的男人就説「我找閔小姐。」氣勢很壯，不像我那麼畏縮。一邊説一邊就把腰一彎走進門去。我也順勢跟進。那半大小子看看我，我沒講話。等我一進門，就聽到他砰地一聲把門關上——好像是用腳踹的。

走進那偏門，進入小院時，那穿紅夾克的男人又回頭看了我一眼。我發現他臉上有一種凌人的氣燄。何嘗不是呢？我的穿著就使他卑視。那時，他也確定我也是找閔汶的了。

閔汶的門開著，但房中沒有人。絲襪像爛草繩似的躺在地板上——我是説不止一雙。那人一進門就連聲的喊：「露西……」，更用英文說「妳在那裏？」跟著連聲的「哈囉哈囉」，我如是瞎子，准以為他是外國人。由於我見到閔汶不在房裏，所以走到門口便沒有進去，遂站在門外遲疑著。當我一抬頭，就又看到那另一幢窗口間的一堆眼睛，當他們看到我看他們，有一個約莫十歲左右大的孩子，竟拍起手來叫著「好啊！好啊！」他母親（我想是他母親）拿手打了他一下，他才不叫。頓時，我的臉孔燒熱起來，我至今也說不出那會兒的心情是怎樣的一種難堪。實則，我並沒有做錯事，青天白日的來看朋友，別人有什麼可笑的呢？自己又有何可羞的呢？想來，還是心理上有卑污的陰影。固然，那一堆眼睛和那孩子的采聲，雖由我們這兩個同來的人物之重疊上而起，那本來的因素，自非由我們兩人而起，更是由於閔汶。好在閔汶已從房中裏牆的那扇門中出現，要不然我真不知是進好還是退好。

我想閔汶一定不曾想到我會那麼早去找她，也許由於我和那人同時到來的關係，所以她一發現我的時候，臉上有一種尷尬的神情。遂說：「荷！你也來了。」那人照舊用一口英文絮絮叨叨地說著，再瞄瞄我，把手中的一捲什麼表格交給閔汶。原來，這人正在為閔汶進行民航隊的事情。閔汶仍在尷尬著——或許昨晚不曾睡好，總覺得她不如前些時活潑，神情頗感疲倦。她漫漫然為我們介紹，「這是張先生，這是馮先生。」既未用手指，也沒用眼看，一邊從地上拾起兩隻絲襪，坐到床緣上在穿，一邊用頭向我們雙手分別扭扭。我們握手時，我在他眼神中感受到那種自以為優越的氣燄，我知道他們有事，遂把梁芸的信拿給她看，我已急著要走了。閔汶並沒有看信，聽我說梁芸當晚到，就回手從枕頭底下取出一把鑰匙給我，說：

「你代我向她道歉，我沒時間去接她，」說著她有些歉然，站起來面露微笑的說：「一切勞你的駕吧。下了車你把她帶到這裏來。」想不到她竟衝我擠了一下眉眼，做了一個鬼臉。頓時，我的臉紅了。她的臉勾起了那天晚上在這房中的一幕。那晚，我就站在那裏。我認為那人也看到了閔汶的鬼臉和語意，更看到浮到我臉上的紅色色澤。我連忙告辭，並沒和那人握別就轉身向門邊走去。閔汶送到門口，手攀著門框，向外探出了半截身子，用頗為歉然的語調說：「好，再見，我不送你；等梁芸來，我們明天再暢談。」

我漫應著。但不敢抬頭，怕見到另幢窗口上的一堆箭簇似的眼睛。在走著時，我卻忽然想到了一件事，閔汶在穿襪子的時候，我發現她穿的是一樣一隻；左腳上穿的是織有黑後跟的，右腳上的那隻沒有。如果不是有另一個男人在，我就會提醒她。在走到大門邊時，我還遲疑了一下，想到應該回去提醒她，但一想到那個男人，還有那邊窗口上那一堆眼睛，我就放棄了。不過，一直𠇍到辦公室，我還老是想到閔汶腳上的那兩隻不同色的襪子。老是想：穿出去該多難看呀？

我把梁芸要我接她並送她到閔汶那裏住的事，在晚飯桌上告訴了玉理。她總是那樣的從不違拗我。

我可沒有像接閔汶那樣的躲躲藏藏。我趴在出口處的柵欄上，等候著梁芸的到來。她的目標最為顯著，還沒走下天橋我就看到她，高高的個子，長長的頭髮，特別是那一身的綠，有如一株冬林中的孤松那樣的凸出在旅客中。她走下月台，向出口處一看，就發現我在揚手招呼她。她放下手上拎著的小箱子就停在月台上喊：「進來。」招手要我到她那裏去。出口的收票員，也注意到那綠衣女郎在招呼我，所以我向他打了個招呼就從人縫中擠進月台。

「給我拿樣東西，」她命令我。「這班車擠死了。」

我替她拎著箱子，還提了一隻網袋。她問我閔汶住在那裏，我告訴她住在漳州街。喊了一輛三輪車。我在車上再把辦雜誌的困難情形告訴她。她則問我「那閔汶住在台北幹麼？她給家裏說，跟你在一起辦雜誌。」我把她要進民航隊的事告訴了梁芸。當她聽說閔汶是和章以明同住，她遲疑了一霎，要三輪車停一停，她在改變主意。當三輪車剎住車時，她又說算了，要三輪車繼續前行。

我拿出鑰匙開門時，就告訴梁芸要悄聲些，不要驚醒房東。我揣想閔汶可能還沒回來。可是一進入那個偏門，就看到閔汶的那間房，燈也亮著，門也開著，還沒走到門口，就看到閔汶斜躺在床上看書。似乎心很沉靜，沒聽到腳步聲。梁芸未步上門階就大喊：「陳小珍。」

「嘿！」閔汶從床上坐直起來，把腳伸到床下找鞋。

「嘿！嘿什麼！不來接我。」

「我打算去來者，」閔汶解釋著。「一看車到了，所以趕回來等妳，還不算夠朋友啊！」

梁芸打量著那房間。閔汶則連忙說：「大奶奶妳別挑眼，我們這是隨遇而安，將就著陪我住兩天，總比住旅館清靜些。」

「瞧！誰有工夫挑眼兒」，梁芸解釋，實際上她確實看不上那種髒亂。「我看看這房間的形式。」

「沒有什麼形式，」閔汶說，「除了這間房，祇有後面一個便所。」

梁芸走進裏邊的那扇門。我沒坐，我急於要走。梁芸出來，要請我吃消夜，我婉謝了。我告訴她們我的珏珏害肺炎才好，我太太身兼教職——幼稚園主任、家庭主婦、廚娘、洗衣婦以及三個孩子的母親。我的妻室，比我要辛勞得多了。

「唷！瞧這份口氣，」梁芸說，她倆送我出去。「多麼好的丈夫。」

「馮聰對太太是滿忠實的。」

閔汶接過話頭說。我的臉突又發燒起來；我想到那晚的一幕。閔汶意有所指吧。在說話上，她遠沒有梁芸刁鑽。她的話總是會不時露出馬腳。

梁芸並沒有疑心到閔汶那句話的源頭，遂向閔汶說：「哎，我們一塊兒去看看馮聰的太太，好不好？」沒等閔汶回答就回頭問我，「馮聰，你太太什麼時候在家？」我答說祇有星期天才在家。並約她倆在這個星期日到我家吃晚飯。梁芸則說她星期天就回去了。

第二天上午九點不到，梁芸就打電話來，告訴我昨晚被小偷光顧，已搬到張丹甯家去了。在電話上的語氣裏，還有著驚魂不定的味道。我問她失竊了些什麼東西？她不說，吞吞吐吐地要我到張丹甯家裏一趟。我手下有很多工作，委實走不開，她則說她馬上到我這裏來，要我在十分鐘後到會客室候她。說過就把電話掛上了。聽她那語氣，猜想她有要緊的事向我說。

可能遺失了貴重的東西。

梁芸來了。她一見了我就說「可把我嚇死了。」我連問什麼事？她看到會客室還有好幾位別的客人及會客者，遂欲言又止。我說：「咱們到合作社去坐坐吧。」正好她答說還沒吃早飯呢。

我領梁芸剛走出會客室的門，在會客室值勤的那位李小姐就在櫃台裏面喊我，「喂！馮先生你忘了東西了。」我再轉身走進門去，她給了我一張疊起有一吋寬的紙條，給我之後連看也不看我一眼，又平淡地去處理另一位客人會客的事務。我打開那紙條一看，是從放在桌上的日曆撕下來的一頁，上面歪歪扭扭地寫著：「有辦法！又是一個，我已經認識你太太了。」忍不住回頭向會客室看了一眼，好像微風又吹起了心上的絨毛。我和梁芸在走著，她問我「什麼事？」我一時不知如何回答，遂連忙問她：「怎麼回事？小偷怎麼進來的？」於是她以沉重的臉色告訴我說：「真倒霉！真是遇到了鬼！」我益加不解地望望她，梁芸低著頭，臉上有沉重的表情。「昨晚聽說她和章以明同住，我就不想去了；你認識章以明吧？」她扭頭問我。我說見過一面。她說她昨晚和閔汶送我走後，就同去西門町吃消夜。回來之後，兩個人把床併在一起，聊東聊西的聊了很晚，大概兩三點鐘才睡。那知道在夢中迷迷糊糊地覺得被子裏面有個老鼠在腿上爬，我煞然被嚇醒了，一骨碌坐起，……迎面有人走來，她頓時把話剎住，那時，她的聲浪很大。我望望她，她嘆了一口長氣又說，「真是嚇死我了！」於是她又小聲地繼續說：「有個男人跪在我床前。」我急忙插嘴問：「誰？」她說：「我知道他是誰？」她說她當時被嚇得張口結舌，一時說不出話來，好在那個男人一看到我一骨碌坐起身來，他就趕快從後門跑去了。那時我才大喊：「有賊！有賊！」她說她簡直嚇呆了，一邊喊一邊裹起一條被子，赤著腳站到地上來。喊了好幾聲，房東太太才來。「當我把事實向她訴說，她居然問我『妳是什麼人？我們的房子不是租給妳的，妳為什麼住到這裏來？』我說我是章小姐的朋友，你猜她說什麼？」梁芸看看我。我沒有言語，也愣愣地看著她，我被她的故事迷惑去了。「可氣死人了！」她繼續說。

她說：『我們家可沒有野男人，妳問妳的朋友去。』說著扭頭就走，一邊走一邊還說：『今朝就退她們的租，要她們馬上搬出去。嗨！』她還嘆氣呢！『那來哪麼多野女人和野男人！』……」梁芸簡直委曲得要哭出來了。又補充一句說：「她的江浙口音，我全聽得懂。」

我們已走到了合作社。還沒坐下我就奇怪地問，「閔汶呢？」

「閔汶昨晚告訴我，今早八點鐘要到民航隊去考試；去見什麼負責人。」她說。「大概八點不到就起床走了。」

我問她吃什麼？她要了一碗麵。我問她什麼時候發生的事？她答說是八點半鐘。

「妳看清楚那個男人的臉嗎？」我忽然想到問。

梁芸凝神想了想，說：「好像很年輕。」

「穿紅夾克嗎？」我想到那天去找閔汶的那個人。

「不是，」她想了想說。「上身是黑的，下身是藍的——或者是灰色的。」

「下顎尖尖地嗎？」我忽然又想到一個人。

梁芸好像若有所悟，連忙答說：「對，好像臉孔很瘦很小；」她馬上問我，「你認識他嗎？」

「我猜想或許是那房東家的那個小子。」

我想起那天他開門，衝我和那穿紅夾克的人那種妒視的神情，以及他用腳狠狠地把門蹴上的態度。

「會那麼大膽，」梁芸不敢置信的說。「我要問問陳小珍。」她把嘴撅起來了。似乎認為閔汶有責任。

辦公室的同事來找我，說是處長找我有事。梁芸聽說我要回辦公室，連麵也不要吃了，說是氣都氣飽了。於是我把麵退了。送她出門。那天陽光很好，大樓外圍牆前的草地上（公地收回，尚未建築什麼，也未種什麼，祇生了些雜草）有幾個美國人在試飛無線電飛機，嗚嗚地聲音，像鴿哨似的。辦公室內，有人趴在窗口向那草地上眺望。我聽到誰在說，「不是鴿哨吧？」幸好我在大門口看到聽到，不然，我也以為那是鴿哨呢！

派我去花蓮公差，明天就走。那一整天都在辦理出差手續，第二天一早就搭飛機到花蓮去了。行前想寫封信給梁芸，我不知張丹甯家的門牌。只去過一次。卻又怕寫信寄到閔汶那裏去。我想她們——特別是梁芸，一定會打電話來，接電話的同事就會告訴她們，說我出差去了。

第四天我才公畢歸來。辦公室的同事說，有好幾位小姐打電話找我；我想是她們兩個。晚上抽空跑到潮州街張丹甯小姐家，說是梁芸昨天走了。想去看看閔汶，但一想到懸在房東窗口上的那堆眼睛，以及梁芸說的那些，我便打消了去漳州街的念頭。雖說，自從發現了那堆眼睛，又聽了梁芸那些話之後，我便警告自己，「還是不要再和閔汶交往吧！」可是，那暮春的晚風從臂彎間沁入心脾的涼意，還有那左右手相合起的時候，打從心底飛舞起的絨毛；以及她那句「哎，別忘了來看我。」——特別是還有那句「你怎麼辦？」都時時在我腦海間升起降下降下又升起。

夏越來越濃了。上午，我身邊的窗子，從上班起就得放下窗帘，直到中午下班還無法拉開，窗外的一切都被遮起，連向窗外眺望的自由，都被燠熱的陽光剝奪去了。下午，我又受了工作的驅使，要到鄉間資料室去抄資料多日，真是，連那可以解除去我的心煩的農家小樓，跟那星色的鴿群與哨音，也無從獲得了。祇有在晚間下班時，偶爾遇上鴿群在頭上掠過，而那最惹我泛起幻覺的鴿哨，卻極少聽見；簡直是聽不到了呢？

不過，我心裏一直還保有一條，不願放棄和閔汶交往，自以為是正當的條文，那就是，我很想知道她在鐵路餐廳，留給我的字條上，寫的「我的戲還沒演完」那句話？總沒工夫問她。我想，那必是這篇傳奇的小說題材。當這一個念頭在我心裏擴大開來時，我遂決定當晚去閔汶那裏，縱然不在家，也好留下一張字條，約日相見。就在那天下午，我收到閔汶的信。

拆開信，才知道她已回屏東了。告訴我已到陸軍兵團一個顧問組去工作，回到屏東的第二天，就正式上班；是她先生為她進行成功的。早晨七點鐘去，晚上六點才能回家，每天要坐兩小時的吉普車。要我到漳州街把她的行李取來，放在我家，她先生會到我家來取。我在中和鄉鄉間，查資料的工作還沒完，正好湊著下班回來時，可以經過那裏，把她的行李放在車上帶回來。小吉普車雖已坐了三個人，我想她那兩件小行李，還是擺得下的。

車繞過漳州街，已是上燈時分。為我開門的就是梁芸說的那位房東太太，她也是懸在那窗口上的一堆眼睛中的一對最深最黑的眼睛，所以我看到她，心裏就有一點發縮。直到今天，我憶想到她打開門後，見到我時的那副臉孔，都得把思想停頓一剎。她約莫五十來歲，臉孔慘白得連血色都沒有，那種呆板簡直像臘人一樣。你們如看過瓊芳登和勞倫斯奧利佛合演的電影「蝴蝶夢」，準會記得其中那位女管家丹花士夫人；那位房東太太就是那種型——特別是眼睛。所以我沒有等她發問，就連忙說，「我來拿閔小姐的行李。」她沒有言語，瞄瞄我身後的一位同事，以及停在不遠處的吉普車。遂把小門打開來，讓我們進去。

那間房屋的門是鎖住的。我用手拉了拉門上的鎖。我那位同來的同事問：「沒有鑰匙？」我一扭頭就見到那個半大小子，從他們那幢房的另一邊門走出來，黑底白條紋的香港衫，灰麻布的牛仔褲，刀鍬似的臉，也臘黃臘黃的。看了我們一眼，便把頭低著向我們走來。我想他必是拿著鑰匙來開門。不過那時候，我腦海間卻在響著梁芸的那些話。我確定梁芸那天早上遇上的小偷，準是這小子。

他把門打開後，進房打開燈，看了我們一眼，沒說話就連鑰匙帶鎖都拿走了。

我們進去看到房裏比過去還亂還髒。兩張床上的鋪蓋，照舊像是沒有揉成團的爛紙樣堆著。繫在天花板上的兩頂圓形蚊帳，一頂半披在一頭床檔上，一頂則鼻涕似的在床邊搭拉著。帳頂上兩根繫在天花板上的繩子之間，用一根包紮商品的上膠辮繩打橫拴起，那上面還掛著一條三角褲，兩雙絲襪，還有一副乳罩。把那兩頂帳子的圓頂，墜得歪著臉總有三十度的傾斜。地上到處都是廢紙和食品盒子，還有一根根煙蒂，像死毛蟲似的躺在地上；榻榻米上滿是泥巴和浮土，自然不用說了。

我向四周打量了一眼，不知那一張床上的鋪蓋是閔汶的。我那位同事看了那種髒亂情形說：「好久沒人住了吧？」我沒有回答，心裏想到那晚初次到這房裏來時，雖未開燈，但迎著從窗外映入房內的下弦月色，好像看到這兩張床上的鋪蓋就是這樣。於是我掀掀裏面那張從床緣上搭拉下來的褥單，（從那天看到章以明趴在外面那張床上哭，我猜想閔汶睡在裏面那張床。）便赫然發現閔汶的那兩件鋪蓋——一件行李箱，一隻箱子。

「在這裏」，我說著便彎身把那兩件行李從床下拖出來。那件行李捲還不曾打開呢？可是箱子則是打開的，裏面的衣物都是一團團地。我把箱子端到床上。

我再打量一眼兩張床，看到外邊那張床有好幾隻絲襪，把被子抖抖，還有沒洗的三角褲；還有英文小說掉出來。翻開枕頭，閔汶這邊還有十元及角票幾張，銅角子幾枚。我不管三七二十一的把床上的絲襪和鈔票什麼的，一骨腦兒都撿來塞進那隻箱子。昂頭看看掛在帳子間的幾件衣物，猜想那必是閔汶的，記得前兩次來都沒有看到，她不是說章以明到嘉義去了嗎，同時，看看那副乳罩也可以確定是閔汶的，章以明沒有那大的胸圍。所以我也把它們一一扯下，放進了箱子。用一隻膝蓋壓上去，才把它蓋嚴。

「走吧，」我向同來的那位同事說。

於是他揹起那件行李捲，我提著箱子，走出房門。想不到房東太太正在房門外站著。她見到我們出來，用一種極不客氣的語氣說：「那床上的東西，你們不要嗎？」

那老女人突如其來的質問，使我頓時愣在那裏。因為我究竟弄不清那床上的東西屬於誰？更不知房子退了沒有？所以我不知怎麼回答。

「媽，那些東西是章小姐的，」突然有人在我身邊說，一扭頭，才看到那個半大小子站在門右方的窗前。

「我一說話，你就衛護著她們。」那老女人搶白他說。「我不管是誰的，要他們全搬出去。」

「我光是來搬閔小姐的東西。」我說，「我不認識章小姐。」

還沒等那老女人說話，那個半大小子又把話接過去了。那時他已走到我身邊站著，像和我站在同一條戰線上面對著他媽。

「爸不是說過嗎，等章小姐回來再退租。」他說，帶著責怪他媽的語氣說：「我們已收了人家半年的房租了，人家連三個月還沒住到呢。……」

大概怕兒子的話傷了她的尊嚴，沒等他說完就一把掌向她兒子的臉上扔過去。那半大小子一閃——我也向旁邊一側身子——轉身向小院子裏方走去，嘴裏還在咕咕嚕嚕地說：「是這樣的嘛，我們不能不講理！……」他媽彎下腰去，想用手摸索到一件什麼東西，嘴裏還在說著：「你個小娘魚反嘴，還得了啊！」撿到一塊石子就向那走去的兒子扔去。「都是你父子兩個招惹來的麻煩，」她扭動著小腳向前追去，用不太正確的國語（我是說還帶著濃厚的江浙音）大聲說著：「我說不要租給單身女人和單身漢，你爹理也不理就答應下來，還一口氣收了人家半年的房租。嗐，自從這個娘兒們住進來，今天外國人，明天中國人；總是一朵纍一朵纍地進進出出，我倒要問問你爹，他想做老龜頭開勾欄院是不是？……我一說，你們爺兒倆就出來護著，你們嗅到了腥氣兒啦？還是嚐到了鮮啦？……」

在她扭著、罵著向她兒子追去時，我們已提著行李匆匆離開，可是她那些話我們全聽見了。猜想她是罵給我們聽的。

走出大門，我那位同去拿行李的同事就問我：「這是怎麼回事？」我知道他非常尷尬。而我也一時不知如何說起，遂隨便抓了一句詞兒答說：「閔小姐和房東太太吵過嘴。」

車子等了好一歇子了，車上那位同事和司機，正要敲門進來看看究竟，他們也在外聽到那女人的詈罵聲。所以他們問：「你們吵了架啦！」我答說「沒有」，同去的那位同事則嘆了一口氣說「倒霉！」

本來，我準備把閔汶的行李帶回家去的，當車子開行時，我遂改變了主意，要車子繞到車站，我決定把閔汶的行李交貨運寄走，省得麻煩。第二天寫了一封信給閔汶，告訴她行李已經交貨運寄去了。

4.

那年，整個夏天都在平靜中過去。自從那天把閔汶的行李交貨運寄走之後，似乎連認識閔汶後從心頭萌生的那些雜念，也全交火車的貨運寄還了她。更可以說是那天被女房東的那場暴風雨，把那些幼苗全摧殘了。雖說我們還時常通信，卻從無越禮言詞。在那些時日之間，梁芸曾為了出版她第一冊小說集「銀幻」，到台北來盤桓了幾天，我和梁芸聚首了幾次。有一次在張丹甯小姐家，梁芸曾偷偷地向我說：「哎！馮聰，陳小珍說她非常非常喜歡你，」那話確像一陣旋風似的掀起了我平靜的心波，（男士們，如果是你，當你聽到像梁芸那句話，你能不拂然心動嗎？除非你是白癡。）但一想到那女房東的那些話，就好像澎湃的海潮遇到堅而厚實的堤防，不會泛濫了。我怕列在她所罵的之列。當然，這更由於我是基督教徒的關係，而又深受孔孟的禮教薰陶頗深，另一方面，自更由於我從父母的血統上，就因襲了「本本分分作人」的氣質，這些才是那築成我心防的堅固基材。（如此寫來，作者未免有替馮聰的品格亂加冠冕之嫌。是吧？）

所以直到今天，我都不會拿梁芸那句話問過閔汶——在信上也沒有問過。我總覺得「去愛」比「被愛」幸福；「被愛」，在心靈上只是暫時的快慰，但卻是一件永遠卸除不了的負荷——「去愛」，縱不能從被愛者的反應上，贏得一個和數，而招來了暫時的痛苦與煩惱，在心靈上卻有其「無債一身輕」的感覺，這或許就是我沒有問閔汶——而不敢問閔汶的心理因素吧。男士們，如果你已是有婦之夫，當你又去招惹來另一個女人在愛你，那該是多麼的一件痛苦啊！縱使你不去接納她的愛，那也夠你煩惱的。可是有幾個男人有能力去拒受女人的愛呢？

世上究有多少男女祇是「去愛」而不追求「被愛」呢？我馮聰做到了嗎？瞧吧，我也是心有餘而力不足。怎麼不是呢？我心裏的這個宮殿裏的王君，雖然告訴我「你祇要去愛不要冀求被愛」；而心裏的另一個宮殿裏的君王，則告訴我說：「什麼去愛？什麼被愛？去你們的吧？你要知道，世上的一切事物，都是由電子的分子組織的；你明白電子的性能吧？它們是同性相斥，異性相吸。一切生物中的雌性與雄性，都是由於異性的相吸而接觸，一般動植物的接觸很單純，祇是為了繁殖，獨有人才講求什麼愛呀愛的。實際上還不是同樣的由於異性相吸嗎？上帝給你們的本能還不是為了繁殖——所謂傳宗接代嗎？愛啊愛啊！別裝幌子啦，歸根結蒂，你們還不是僅僅為了那麼一件事嗎！……」

是的，還不是為了那麼一件事嗎？想來，「愛情」祇是萬物之靈的人類為「那件事」製造出的一個好聽的代名詞而已。這樣說來，什麼「去愛」與「被愛」？豈不全是騙取「那件事」的謊言！照此推繹，男女間的「愛情」豈不衹在那一點點上。那麼我馮聰在前面說的那些大話，自也是自詡之詞了。老實說，有幾個愛和女人交往的男人，心裏是潔淨的呢？世界上，任何骯髒蕪雜的地方，都沒有人的心地骯髒蕪雜。衹是人是由衣冠和面具裝扮出來的君子與淑女，誰也不肯把他們心地上的骯髒與蕪雜等情景，顯示給大眾看見就是了。

那年，當長夏還在九月的燠熱中延長著的日子裏，我因公去了高雄。我到高雄的任務，不到半天時間就可以辦完。那晚到了高雄，沒下車就被開向屏東的車頭帶到屏東去了。我在車上一再想，住在屏東和住在高雄一樣，明天從屏東到高雄去辦事不是一樣嗎？何必孤苦伶仃地在高雄住呢！機關都下了班，晚間也無從接洽公事。我遂緊抓住這個理由，沒在高雄下車就去了屏東。

到了屏東已七點多了。在車站找個小飯館匆匆吃了一頓晚飯。我找到閔汶的家。但在巷口逡巡了三趟都沒有進去，覺得怪冒失似的，事實上還是由於心地上的骯髒。於是我又搭上一輛過路的三輪車，到了梁芸家。雖說梁芸和閔汶都是同樣的朋友，而我到梁芸家去，似乎並沒有那種畏縮，這自是那晚接閔汶到那間小房後發生的一些情景等等引起的了。這也是一種骯髒的心理現象吧。不過梁芸不在家，下女說和丈夫帶著孩子去看電影啦。我迷惘地從那條小巷走出來，頗悔於到屏東來了。

天很黑，特別是從梁芸家走出來，要經過老長一段鄉村小道，沿途連路燈都沒有。從那裏走到大街，徒步總得半小時，走到閔汶家也差不多。我默默地走著，我想著下一步的落足點，我想我還是到車站再搭車去高雄為是。正走著，迎面駕來兩輛單車，車燈像兩隻銀色綉球似的搖擺著，騎在車上的人還在交談著，我看到他們駛近，我閃在路邊，當他們從我身邊擦過時，才發現其中一輛車上是梁芸，一輛是閔汶。她們沒有看到我——她們想不到是我，我發現了她們，馬上大喜過望的大喊：「閔汶！」她們停下來了，閔汶幾乎摔了一跤。已騎過我好幾尺遠了。

「誰？」梁芸在前面問。

「是我，」我答，「想不到吧！」

「嗬？真是稀客，」閔汶說，還是那種頗為濃重的捲舌音京腔。「我們這正談著你呢！」

「閔汶——」梁芸學著我剛才叫閔汶的聲調，說：「你的眼睛真偏，看得到閔汶看不到我。」

「誰要妳騎得那麼快呢！」我馬上找出了這麼一個充分的理由。說話時才發現她車上的藤椅中還坐著一個兩歲多的孩子。「妳不是看電影去嗎？」

「是啊，」她說，「這孩子在電影院吵，我把他帶回來了。」

「妳也看電影去了？」我問閔汶。

她答說騎車子上街閒蹓，在街上遇見了梁芸，遂隨她到梁芸家玩，她問我「妳到我家去過嗎？」我騙她說沒有，先到梁芸家。

「那麼走吧，」閔汶說著把車子推轉頭去，「到我家去吧。」

梁芸的孩子又在車上哭起來了。她提議說：「這裏離我家近，還是先到我家坐坐吧。」於是我同意了梁芸的建議。

梁芸家有一個很大的庭院，由於她們才住進去不久，還沒有整理，映著門燈上的光，可以看到那個小院還在荒涼著，從那次兩年以後，我再去梁芸家，那庭院卻已是綠葉成蔭的小花圃了。房子可不大，梁芸可是很會布置家，擺在房間中的每一樣事物，看去總使你覺得它們本應在那地方似的。比起閔汶住在漳州街的那間房之寬，可說是一個尖銳的對比。

在梁芸家海闊天空了一個多小時。當然，我們談到雜誌，我對辦雜誌早已不感興趣了。在談論中，梁芸的先生看完電影回來，是一位黑黑的挺爽朗的北方漢子，他也會寫新體詩和散文。所以他回來後，使我們的談話話頭扯出得更多。就那麼一晃十點了。閔汶要我們到她家去，我以為天太晚了。當梁芸聽說我並沒有把旅館開妥，夫妻倆都誠懇地留我住在他家客廳裏。說是可以繼續再談一小時，就這樣，那晚我下榻在梁芸家。

第二天是周末，閔汶休息。所以第二天一大早她就到梁芸家來找我了。她要請我吃早點，但梁芸已經準備，順便也把她留下。吃了早點，我說我還得去高雄，她約我回屏東吃晚飯，我答應了。好在明天是星期天，從屏東坐夜車回去也可以。所以在高雄把公事接洽完畢，吃完中飯就匆匆回到了屏東。一下了車就到閔汶家，我沒有再在門口逡巡就昂然走進了小巷；照著今晨閔汶指示給我的徵象，沒有問詢就找到了閔汶的家。

那是一幢日式的房屋，從外觀上看，就知道它是日本人留下的，已顯出古舊和斑駁的痕跡了。門開著，有小孩在哭鬧。我叩叩門，又叫了一聲「閔小姐」。不一會兒，一位身著中式衫褲的中年婦人從左廂出現，身後緊跟著一個二歲多的小女孩，仍在有所要挾地哭著，滿臉的淚，頭髮似乎全給汗濕透了。可是她一看到我，便刹然停止了哭泣，瞪著兩隻大眼望著我。從面貌上看，我確定她就是閔汶的女兒。酷肖閔汶。

「你是馮先生嗎？」

就在我們彼此發現相互注視了一霎那間的時候，那位中年婦人問我；一口北平口音。我猜想她就是閔汶的母親。我點頭說是。她就說：「請進來坐吧，」又自我介紹的說：「我是閔汶的母親。」在她為我去取拖鞋的時候，那小女孩恐怕她外婆跑掉似的，又急前幾步哇地哭了出來。她把拖鞋放在玄關的台階上，回頭叱責著說：「不要吵！」便彎身把那孩子抱起來。那孩子不哭了，瞪著兩眼看我。「汶汶不在家，」她告訴我。跟著又很感嘆地說：「大早兒就出去了，到這會還沒歸家；我想不久就會回來。她要我留馮先生在我們家吃晚飯。」我嘴裏說著不要客氣，但心裏卻因為聽說閔汶不在而頗感惘然。

我走進房間時，曾伸出雙手向抱在閔老太太懷中的女孩逗逗，她居然把身子一歪希望我抱她，閔老太太則說：「喲！馮先生要發財了。我們這孩子平常不要生人的，今兒格特別親您。」我抱過那孩子，在沙發上坐下，閔老太太去為我倒水。坐了一會兒，我便告辭出來了。儘管那小女孩哭著不讓我走，我也無心情多坐下去。

從閔汶家出來，我步入茫然，雖然一走出那小巷，就是一條很寬闊的馬路，路上有往來的行人與車輛，我也知道從那條路走去，無論向左或向右都四通八達，而我卻像迷失了方向，一時不知步向何方？我走到巷口的馬路邊，躊躇了一霎，向東走了一段，才想到屏東還有個公園，何不到公園去把晚飯前幾小時的時間消磨走。

到屏東公園踏了一轉。公園很小，幾分鐘便打了一轉。在公園中蹓躂時，還希望能在公園中遇見閔汶或粱芸。最後，我在茶座上坐了下來，泡了一杯茶。我的身體躺在竹椅上，我的心神則像孤舟似的，在狂濤洶湧的海上澎湃，想趕快尋到避風港。終於我迷迷糊糊的睡去。醒來太陽已偏西，看看錶已五點多了。當時頗為感謝睡魔的降臨，卻又失望於沒有做個夢，那怕是惡夢也好！總之，醒來後精神感到輕鬆不少。我付了茶錢，起身走出公園。

「來坐，有西瓜，有鳳梨，有鉋冰……」

有個女孩子鶯聲燕語地衝我喊。我身不由主的被她的美色誘召去了。那女孩子的確很美，直到今天我還沒有忘記，一想起來她，她就出現在我眼前，如果我是畫家，最少她會為我留下三張畫像。她是長頭髮，圓臉，雖然不合乎現代人所推崇的那種美女標準——身高呀，三圍呀，而她那小巧玲瓏的身材，像小雲雀似的，特別逗人喜歡。五官均衡，尤其那一雙水汪汪地黑多白少的眼睛，像兩池深潭秋水，澄明得不由你不對她注目。她穿著黑底印著淡紅大花的大褶裙，粉紅色的襯衣。最不相襯的就是穿在她腳上的一雙白色高跟鞋，總覺得那雙高跟鞋還不應穿在她腳上。……她就站在她的冰果攤前，招徠著過往行人。她家的冰果攤，距公園門口約有十幾尺遠，在軍人之友社的左邊搭起的一個竹篷，看去其中的兩張小桌子已坐滿了六個人了。她見我看到她就停住了腳步，有一種驕傲的神情在她臉上盪漾著。「來坐！來坐！」我遂走了過去。

我走到那裏，看到其中兩張桌上的六個客人——從彼此交談的情況上看，顯然地除了兩人是一組之外，其他都是孤客，他們似乎已經用完他們的飲料，卻還在那裡坐著。那女孩子搬了一張凳子出來，讓我坐在放鲍冰機的檯子外邊。而我居然坐了下來。先要了一盤香瓜，再加了一瓶汽水。雖說我沒有像坐在篷子中的幾位——有幾位走了，馬上又補了幾位，原有的幾位則還坐在那裏——不時地找些廢話向那女孩子問東問西，而我卻沒有說話，但自從坐到那裏之後，居然把那波濤洶湧中的小舟駛入了一處遮風的港；心情竟風平浪靜起來，怪哉！

當夕陽把滿天浮雲都燒紅的時候，我才離開那冰果攤。路燈已放明，我想我該去閔汶家了。繞經大街，為閔汶的孩子買了一包糖。到閔汶家的巷口，就看到一位個子比我還高還要健實面貌也相當英俊的年輕漢子，領著汶汶的那個女孩從巷口出來，我想他一定就是閔汶的丈夫吧。他看到我也以猜想的目光望著我。當我們走到頂面時，我說：「您是陸先生吧？」他連忙伸出手來，誠意的笑著，熱切地和我握手，說：「請家裏坐。」彎身抱起孩子，我把手上的糖果塞到那女孩手上，他說：「謝謝伯伯！」那女孩向我點頭。

到了他家，老太太一看到我就說，「嗨，我們家汶汶還沒歸家呢，不知她雲到那裏去了。梁芸來過了，她今晚去吃喜酒，要你晚飯後到她家去玩。」

聽了老太太的話，有一種冒昧和迷惘與疚怍等幾種心情在心頭交織起來。陸先生和我像撒網似的閒談，因為他不是一位善談者，比梁芸的李先生要內向多了。

晚飯是餃子。閔汶仍未回來。不知是我在那冰果攤上吃多了香瓜，還是喝多了汽水，還是為了什麼，晚飯竟無食慾。我吃得出餃子是加了料的，而我卻吃不下，強吞也祇吃了不到十個。照平常日子，我二十個也不夠。飯後坐了一會兒，我就告辭了。

陸先生把我送到巷口。我對陸先生極具好感。我早已下定決心馬上去高雄，搭十點半夜快車回台北。所以從閔汶家走出後就到車站，買好票在候車室候車時，我看到了閔汶。

我從廁所出來，正好有一班從高雄開來的車。旅客正從月台出站。我沒有留心他們，我心裏祇漠然地想著開高雄的車還有十五分鐘。不由自主的看看懸在牆上的行車時間牌。當我突然想到何不改坐公路局的汽車，打算走出車站要去看看公路局的行車時間時，才一眼瞥到火車站外的空場上，閔汶正坐上一輛三輪車。我攢前幾步，想辨認清楚再喊叫她，三輪車已向前踩行了，離我大概有數丈遠。我遂喊：「閔汶！」連喊兩聲，她都沒有聽見。不知為什麼，我竟不敢大聲喊，也沒有飛步追去。市聲嘈雜，我看到她坐在三輪車上，沒有回頭，一眨眼便被一輛運貨卡車駛來，把那輛三輪車遮住。我當時想，她是從高雄回來趕回家去呢？還是從別處回到家後，聽說我走了，才趕來車站找我的呢？也許她到了車站，正巧我在廁所，沒有看到我的人，以為我還在梁芸家，才急急喊三輪到梁芸家去呢？看看時間，快八點了，梁芸正該吃完喜酒回家。於是我想喊三輪車去梁芸家。但一想我必須搭上由高雄開出的十點半的快車北上，如再到梁芸家打一轉，我就趕不上了。再去閔汶家嗎？有什麼理由呢？……於是，我的心情有如那火車站前的市聲，同樣的嘈雜起來。我就站在那空場上進進退退，遲遲疑疑了總有五分鐘，終於還是走到汽車站，看看行車時間表。知道下班車到達高雄的時間，和火車差不多，遂回到火車站。已到剪票的時間了。

儘管火車上擠滿了人，而我卻有如被置身於原始叢莽那樣的寂寞孤獨，直到搭上由高雄北上的快車，不期的遇到了一位熟人，才消失了那種寂寞孤獨的感覺。回到台北後，禮貌上的給閔汶和梁芸一封信，謝謝她們的款待；特別問候她們的先生。信剛發出，就收到閔汶的信，一再向我解釋道歉。並說那天她回家後，曾先去梁芸家，然後再去車站，說是找了我半夜。但，最使我感到興奮的還是她在信中附來的一篇小說。她上次在台北火車站鐵路餐廳留給我一張字條，上面寫的「我還有戲沒演完」的故事，都在她附來的這篇未完成的小說中告訴我了。現在我把它抄錄在後面；這篇小說的題目是：

戲

諺云：「人生如戲。」如拿這話對陳怡怡來說，那就更加適合。按說，她現在演出的角色，是一位結婚已經三年的婦人，年紀雖才二十四歲，卻已是兩歲孩子的母親了。而她，居然又在一個偶然的機遇裏，扮演了五天程夫人——一位西藥商經理的夫人。那才是眞正的在人生中演戲呢。說來得從頭敘起。

先說陳怡怡這個人，她有一種特別的性格，那就是她想到怎樣就去怎樣，如果達不到目的，她就會像捉來拴到廄中的野馬，準會煩燥得去啃咬木樁，亂蹴廄欄的。好在她丈夫非常愛她，脾氣又好，所以雖然做了太太，可以說比做小姐時還要自由。她好奇，衝動，想到怎樣時，馬上就希望付諸行動。那天晚上，她聽到她的同學李美蓉說，台北有一份雜誌在找人合作，陳怡怡聽說之後，就表示要去試試。當她聽李美蓉說這事是她一位朋友馬青之說的，她就向李美蓉抄去馬青之的通訊處，第二天就搭車北上。

她祇帶了兩本書——一本戲考，一本小說「蝴蝶夢」。起先，她興致勃勃，沒到台南，她就把一本戲考看完了。她喜歡平劇，可不大會唱。那本戲考中的幾齣戲，她最喜歡的就是那齣「販馬記」，特別是其中那折寫狀，她想，那小兩口眞逗。在北平的時候，她曾看過四小名旦李世芳和江世玉合演的這齣戲，「李世芳眞像梅蘭芳，」她想。「可惜不長命，摔死了。」於是她想到北平。一想到北平，她就恨八路，如果不是八路來把她北平的家燬了，這時的北平該多好玩。在台灣，最無情意的就是春天，剛和你打個招面就溜之大吉；在北平，可不是這樣。一想到這裏，她就心煩起來。

她放下戲考，拿起另一本「蝴蝶夢」，祇翻了幾頁，她無興致讀下去。她坐的那一組座位，除了她之外，另三位是兩老一少——一對中年夫婦，和一個十四、五歲的小女孩，他們總是講他們的閩南話，陳怡怡一句也不懂。她跑到餐車去要了一杯咖啡，坐了一會兒還是不舒服，餐車中的椅子，必須直起腰來坐著。她又回到車廂，別處雖還有空位，有些人竟脫了鞋襪，斜著身子蜷臥在兩個人的座位上，看去令她噁心。再說，是對號座，那些空位還陸續有人上車。別處座位上坐著的客人，也同樣是陌生的面孔。這時陳怡怡才想到不該一個人坐這麼長途的火車，心情越發地煩燥了。

沒有辦法，她祇好把頭仰躺在椅背上養神，居然矇矓睡去，醒來已到員林了。眞好，那一家人在員林下車，新上車坐到她那一組座位上的客人，是一位老太太，一位中年紳士。從穿著及氣派上看去，就可以想知他是有幾分苗頭的。他就坐在陳怡怡對面，一坐下就和陳怡怡彼此打量了一眼。陳怡怡在這位紳士上車後，她心頭的煩燥突然消失。她看到身旁的那位六十多歲的老太太，胖胖地身體坐下之後，把她的坐處擠得更小了。她很想坐到對面去，和那位紳士同坐，但她終於沒有坐過去。彼此不自然地又相互看了一眼。

那位紳士從衣袋中取出一本小說，打開來捧在手上看。陳怡怡看到那是一本英文小說，她也重新拿起那本「蝴蝶夢」，而她卻沒有看進書裏去，心裏老是猜想著對面那位紳士是作什麼的，是一位外交官員？還是一位大學教授？還是什麼？她老是想找個機會能和那人交談。可是她幾次偷覷，總見他看小說看得很有味似的。但隔不多久，他把手上的書放在茶几上。把頭靠到椅背上養神去了。陳怡怡向茶几上的那本書瞄了一眼，她認識那是英國當代作家毛姆的名著「人性枷鎖」。她在大四選修英國文學時，曾聽到老師提過這本書，而她並沒有讀過。她不由自主的放下手上的「蝴蝶夢」，拿起那本「人性枷鎖」來翻了翻。當她再向對座覷上一眼的時候，才發現那位紳士也正在偷覷她，四目相對，陳怡怡的粉面泛起了霞彩，遂馬上把那本書放回到茶几上，說：「這是一本名著。」尷尬的笑容從她眼角滑落到嘴角上，若不是她繃緊小嘴把它們兜著，準會落到地上去，把它們摔得粉碎。

「噢！是嗎？」他故作不知的帶問帶答。

「我聽說，」她說。神情已恢復了自然。「是毛姆的『人性枷鎖』，在大學裏讀過。」

「請問妳是那個大學的？」

「北平中國。」

「我是上海同濟，」他自我介紹，「學醫；」說著掏出一張名片遞給陳怡怡。並問：「妳讀文學嗎？」

陳怡怡一邊接過去名片，一邊回答說她是讀哲學的，但對文學很有興趣。同時，她已從名片上知道他的名字叫「陳雲鵬，上海人，上海同濟大學醫學院醫藥學士，現在是台北市華洋藥房的經理。」就這樣開始，他們相互攀談起。這位陳經理談鋒甚健，懂得又多，所以由員林到台北，在陳怡怡的不知不覺間就到了。而且，在這三小時的交談裏，他們已由兩位陌生人，進入到呼兄喚妹的階段；因爲他們全姓陳。

車到板橋時，他輕聲問她：「到台北妳住在那裏？」陳怡怡則故意地答說：「還沒地方呢？」事實上，她到台北總住在她的同學章以明家。

「妳打算住那裏？」他問。

「唔，」陳怡怡考慮了一會兒，才老老實實地說：「打算住在一位同學家。」

「在什麼地方？」

「福州街。」她答，「不知是否在家？」

後面的那一句是故意這樣說的。

「下了車我送妳去看看。」

她用點頭代表回答。下了車，他叫了一輛出租汽車，把她送到福州街。他坐在車子上在街角等她。她到了她同學家，向她同學的母親打了一個招呼就出來了。

「晚上我就住在這裏。」她到了汽車旁，並用手指著她同學家那扇大門說。司機已打開車門等她上車。

陳雲鵬順著她的手望了一眼。坐上車他問她：「還去那裏？」於是她把她到台北來的任務告訴了他。他聽說她想辦雜誌，就說：「我正在進行一樁買賣，如果成功了，我可以給妳的雜誌一份長期廣告。」說著突然扭頭看了怡怡一眼，好像在她臉上發現了什麼似的，說：「這樁買賣，妳如果有興趣的話，可以參加合作。妳要是參加合作，成功的希望就更多；」他又補充一句說，「可能有百分之百的把握。」

「噢？」她驚喜地回頭望著他。雖不知是一樁什麼買賣，聽他那樣鄭重其事的語氣，不由的她想追問一下底蘊：「什麼買賣？」

他看看錶，她也看看錶。那時，暮色已降落在僻街上了。她想她要去看的那位姓馬的朋友，可能下班也已不急著要去了。正好他問。

「妳一定要去看那位朋友嗎？」

「不那麼急，明天也可以。」

「那麼我請妳吃晚飯。」他說。「我們來談談這樁生意經。」

「好吧。」她非常高興的答應他。

陳怡怡最好奇，聽到陳雲鵬說的什麼買賣，怪神秘的。儘管她對商業這一行完全是門外漢，倒也想知道知道內容，心裏覺得怪好玩的。同時，他本來的目的——更可以說，她的生活目的都是追求一些好玩的事物。跟這位陳經理一攀上，她就被他的談吐與風采誘攝去了。

「到那一家？」

「隨便。」

「那麼，」他思索了一下，「到美而廉如何？」

「可以，」她答，「我對吃沒有偏好，馬路邊上的麵攤我也是常客。」

於是他帶她到美而廉樓下，那一圈室內平台的最後一個角落的火車座上坐下。要了兩客西餐，兩瓶啤酒。他在飯桌上悄悄告訴她，他正在爭取美國利來藥廠的台灣代理商，已經和利來藥廠的遠東經理詹姆士接過一次頭，彼此談得很好，就是競爭者很多，要想拿到這筆生意，還需要運用一些智慧。說過他就向陳怡怡注目凝視。

「你說吧，大哥，」她說。「我如果幫得到忙，一定效力。」

陳怡怡說話的態度及語氣，都非常堅定。反使陳雲鵬不好意思起來。他凝望了陳怡怡一會兒，才淺笑著說：「妳如果願意幫我這個忙，就不能叫我大哥。」

「叫什麼？」

實際上陳怡怡已猜出八、九分了。

陳雲鵬把頭伸過去，嘴吧放在陳怡怡耳畔說：「我們做幾天假夫妻。」

「不成不成。」陳怡怡把頭一偏，連忙搖手說。聲浪很大，害得陳雲鵬忙把手指豎在嘴上噓了一聲，然後又小聲向陳怡怡說：「祇限於接待詹姆士的時候。」他用手拍拍胸膛，「我以人格擔保，決不越出常軌。我們都是結了婚的人。而且，」陳雲鵬把聲音放得更小，「這件事非常秘密，除了妳和詹姆士之外，再不會有別人知道。」

「那你的太太呢？」

「嘿——」陳雲鵬嘆了一口長氣，「她不夠材料。」

「我不信，」陳怡怡說，「像你，還會討來醜太太？」

「有胃病，排骨一付。」

「那你想拿我做美人計？」

「不是不是，」陳雲鵬連忙解釋，聲音越發細微了。「祇限於普通應酬。」

陳怡怡沉默下來。陳雲鵬趁勢說：「這事成功之後，可以先酬謝妳新台幣一萬元。以後還可以由公司給個名義，按月支領乾薪。」

陳怡怡仍在低頭沉思，她心裏已經承認下來，認爲這個條件很優厚。陳雲鵬又連忙補充說：「頂多五天；如果妳的口才好，三天就可以成功。」

「我的英文說得不好。」陳怡怡說。

「能說就成，」他說。「和外國人說英文，比和中國人說英文容易。說錯了他決不會笑話妳。」

「這像演戲一樣。」

陳怡怡笑了。

「對，」陳雲鵬答。「這就是演戲。」

吃過晚飯，他問她如何消遣？她要去看戲。那晚，顧正秋正在永樂演出「漢明妃」，於是他們去看戲。戲散後，他們在中華書局旁邊的小攤上吃過消夜。陳雲鵬問她：「怎樣？我送妳去福州街嗎？」

「隨便。」她答。

離開吃食攤，他把嘴放在她耳畔小聲說：「我替妳在中國之友社開個房間如何？」

「唔，」陳怡怡猶豫了一霎，點了點頭。

房間開好後，陳雲鵬非常紳士地在房間中坐了一會兒，就向她告辭，說：「明早我來接妳吃早點。十點鐘嫌早嗎？」

「可以。」她說，「你九點鐘來我也許就起來了。」

陳雲鵬走後，陳怡怡突然恐懼起來。她想「我總歸是一個結了婚有了丈夫的女人，這些事萬一被人知道了，那算什麼呢？萬一這個姓陳的在等她睡熟之後進到她這房裏來呢？………」她越想越怕，遂悄悄地離開了中國之友社。回到福州街她同學家，已一點半了。

這夜，她入睡很遲，第二天醒來時，窗外正落大雨。她的同學的母親見她醒來，就說：「起來吧，快十點了。妳有位朋友已經等了妳一個多小時啦。」她一下就想到可能就是那位陳經理。起來一看果然是他。

「我來打擾了妳的清夢。」他說。

「那裏，我也該起來了。」

彼此都沒有提起昨晚的事。陳怡怡盥洗之後，就到客廳去接待那昨晚認作「大哥」的人。

「對不起，昨晚……」她沒有說完，他就把話接過去了。「我請陳小姐吃午飯；我的車在外面等。」

「我早飯還沒吃呢？」陳怡怡說。

「當然先請妳吃早點。」

陳怡怡便向她同學的母親打個招呼，同他一起出門。還沒走出大門，她就向他道歉著說：「對不起，昨晚你走後，我就回到這裏來了。我怕孤孤單單的住旅館，怪冷清的。」

「今晚找個女伴陪妳好嗎？」

「你太太嗎？」

「也許。」

雨雖然小了些，但還在落著。他撐開雨傘。站在大門邊招呼停在巷口轉角處的車子開過來。那是一輛黑得發亮，最新式的流線型小轎車。

「這裏的天氣眞是捉摸不定，」他說。「我來的時候還是大太陽，不大會工夫就落起雨來了。」

陳怡怡覺得他的話有點雙關，內容好像是指她似的。

車退到了門口，他扶她上了車。

他們仍到美而廉，在老地方吃早點。

「今天中午我就帶妳去和詹姆士見面，」陳雲鵬說。「到圓山飯店去宴請他。」

「我就這樣去嗎？」

陳怡怡扯了扯她那襲黑綢旗袍，指了指腳上的那雙起了毛變了灰的黑色皮鞋。

「已經爲妳準備好了，」陳雲鵬輕淡地一笑，「我爲妳拿來四件旗袍，都放在車上，待會兒咱們去中國之友社，妳試試看能不能穿？順便再買一雙不就可以了。」

到了中國之友社，仍舊是那間房。陳雲鵬把小箱子打開，四件旗袍都是已經燙好了的。一件玫紅綢質的，一件黑軟緞綴著亮片彩鳳的，一件老料子黑織貢呢的，還有一件粉紅色的。她選了那件黑織貢呢的，走進盥洗室試穿。除了腰稍嫌緊些，長短都很合適。雖然緊一些，卻益發地顯出了他三圍的豐滿。那是一種高貴的織貢呢，映著燈光，她稍稍一動都放閃。「這個人眞有一套，」她想，「在那裏弄來這些現成貨呢？又那麼合我的身。」

陳怡怡一走出盥洗間，陳雲鵬就拍手讚美，連說：「Wonderful Wonderful!」說著就從衣袋中掏出一付貼在耳垂上的黑晶色耳環，「來！我爲妳扣上這個。」扣上那付耳環，就伸手拉她過去，對鏡鑑照。鏡子裏映出了兩個人的像。陳雲鵬順勢在陳怡怡頰上輕輕吻了一下，而陳怡怡卻猛地轉過身來，雙手攀住陳雲鵬的頭頸，狂熱的紅唇已緊緊地貼到陳雲鵬嘴上了。

一霎那間，陳怡怡感覺到有一種壓力在向她進迫，當她連忙把臉移開，要用雙手推開那緊箍著她的陳雲鵬的時候，她已被那種壓力推倒在床上。這時，她正看到陳雲鵬逼在她臉上的那張臉，特別是那一雙發紅的眼睛，她突然覺得陳雲鵬的那張臉已不是人的面目，而是獸——是饑餓中的獅子或老虎或熊羆的面目。雖然怡怡嘴裏說著「夠了！夠了！」極力用兩手阻拒著他，也無法阻止他進迫，人在那種情況下，用單獨的力量，是鬥不過一種發狂的畜牲的。她想呼救，但又礙於面情，同時，在她心頭還有一種妥協的分子在阻止著她去呼救。於是她說：「你要是不歇手，我就喊叫了。」這時的陳雲鵬眞的變成了野獸，他已聽不懂人的語言，他的手變成了爪子，要去撕扯怡怡的衣扣。就在這時，陳怡怡用起大力掙扎，剛剛穿在身上的那件黑織貢呢旗袍咯哩咯吱給綳裂了。陳雲鵬居然在這種綳裂聲中煞然住手，像一隻中了獵槍彈的野豬，翻倒在怡怡的身邊喘著氣。

陳怡怡連忙站起身來，伸手攏了攏頭髮，回頭看了陳雲鵬一眼，說：「我以爲你是個大好人呢！」這時的陳雲鵬，橫仰在床上，兩足著地，眼睛瞪著，西裝的衣襟敞開來，心臟急促地在他的白襯衫外面工作著。的確像一隻中了槍彈尚未完全死去的野獸一樣。他是自尊心受到傷害，正羞澀地無地自容時，恰好陳怡怡的那句話爲他拔出了插在自尊心上的那隻箭簇。遂一躍而起，甜米漬地向怡怡笑著說：「是妳挑撥起的啊！」

「好了好了，」陳怡怡半怒半嗔地說，「不談這個了，」遂用手指著衣服，「你看衣服都破了。」

馬上，他們像不曾發生過剛才那幕戲似的，彼此的神志又都恢復正常了。

「不要緊，」他說，「祇是綻了線。」

「這齣戲就演到這裏爲止了。」陳怡怡撥開他的手說。她走向盥洗間……。她又重新換上她自己那件黑綢旗袍。陳雲鵬在陳怡怡走進盥洗間時，就拿起她的手皮包，等陳怡怡出來，就連連向她道歉，保證以後再也不會那樣無禮。並堅懇她繼續幫忙把戲演下去。

「好吧。」陳怡怡把小嘴一扳，把手一伸，下決定說：「那麼拿錢來：演戲也得付包銀。」

「小姐，」陳雲鵬胸有成竹的說：「早就爲妳準備好了，」說著從西裝的內衣袋中掏出一個皮夾，取出一張支票放進陳怡怡的手提包，然後把皮包交給了怡怡。

陳怡怡接過皮包，打開來取出那張支票，一看票面是一萬元，沒再細看就又放進皮包去了。

「怎麼樣，」陳雲鵬說，「我們的戲繼續上演吧？」

「那你去替我把那件衣服縫好，」她說。「我就喜歡那件。」她說著再走進盥洗室時，陳雲鵬按鈴喊服務生。

陳雲鵬交待服務生，要他把那件旗袍送去在半小時內縫好，並要把陳怡怡的那雙舊鞋帶去，要生生皮鞋店送兩雙黑漆皮的高跟來試樣。

「我們先說明白，」陳怡怡等那服務生走後，向陳雲鵬說「我們祇是演戲，你不要心猿意馬。就是和詹姆士的交往，也祇限於應酬。」

「當然當然，」陳雲鵬答應著，心裏卻想著，剛才的吻怎麼會那麼狂熱啊？「我要妳冒充我的太太，就是這個意思；要不然，我就要妳演我的妹妹或表妹什麼的了。」

「那麼，我說些什麼台詞呢？」

「這個，我事先會告訴妳，」他說。「今天中午祇是拜訪性質，妳祇要說應酬話就可以了。」

一小時後，他們同車到了圓山飯店。

詹姆士是一位五十餘歲的高大老人。灰白頭髮已疏稀了。談吐非常文靜，是一位醫學博士。祇吃了一頓午茶，便告辭了出來。陳雲鵬約詹姆士當晚在濟南路小狀元樓吃中菜。

從圓山飯店出來，陳怡怡很高興，她認爲這種演員一點也不費力。於是她問陳雲鵬，下一幕演什麼？他答：「也是普通應酬。」

回到中國之友社，陳雲鵬說是要回藥房去處理業務。陳怡怡昨晚沒睡好，她想午睡一會兒。一覺醒來，已三點多鐘。醒來後，赫然陳雲鵬正坐在床邊看書。他看到陳怡怡醒來，恬適地笑了笑。

「哦！你來了。」她說。

「來了半小時了，」他看看錶，說：「妳再不醒，我就要呵吱妳啦！」

怡怡沒理他，惺忪著走進盥洗間。等怡怡出來，陳雲鵬就拿出機密的態度向怡怡說：「我希望今天晚上就能得到詹姆士的委託書。」

陳怡怡沒有講話，靜靜地聽陳雲鵬講下去。

「吃過晚飯後，陪詹姆士回圓山飯店跳舞，」他說。「希望妳能把他的酒興激發出來，我們陪他賽酒，從妳昨晚在美而廉的酒量看，我相信不錯。」

「半瓶威士忌醉不了我。」陳怡怡也頗爲自豪地說。

「那麼好極了，」他看看錶，說：「這段時間，妳自由支配，我六點鐘到這裏來接妳。車子交給妳用。」

陳怡怡坐上汽車，心裏眞的有當了陳經理夫人的感覺。當司機問她到裏去時，她竟一時想不出要到那裏去？

她這篇小說就寫到這裏，後面雖然還有十多行，全被她塗去了。不過，她倒把以後準備發展的故事告訴了我。以下是閔汶寫在後面的話。

「近來心情煩亂得很，沒有工夫再寫下去。我把以後的故事告訴你，你代我完成它好嗎？」

「真實的故事是這樣：你不是見過在淡水河邊吃烤肉的那個陳經理嗎？他就是我在火車上認識的，這個人才壞呢，沒我在前面寫得那樣好。不過，我得說明，在中國之友社我吻他，可絕對沒有那回事，你想我會那麼發狂嗎？（……這裏她塗去了。）也根本沒有什麼詹姆士，完全是那傢伙在圈我。圓山飯店去了兩次，並沒有見到什麼詹姆士。他倒想用酒灌醉我，他想不到灌了我半瓶威士忌，我沒事兒。那晚你不是在章以明家等我嗎？就是那天。

「他向我撒野倒是真的，就在我們在淡水河吃烤肉那天，所以我第二天一早就要溜走。想不到他又趕到車站來，千懇萬懇地要我把戲演完，保證不再向我無禮。就在那天陪同詹姆士（那個美國人不姓詹姆士，本是歐洲人，好長一串字母，我拼不出了，姓什麼奧契諾勞斯）去花蓮。（那個洋人可真夠紳士，規規矩矩的，是個博士。）他為了要不在那位洋人面前露出馬腳，竟和我開了一間房間。到了晚上，我一看情勢不對，我就溜之大吉。他不知道我在花蓮教過書，那晚我就溜到學校去了。要不是我這麼著預留一招，那真糟。

「還有，他也沒有給我一萬元的支票。天地良心說，我只是好玩。我要是拿了他的錢，那就糟了。後來他還到屏東找過我。我沒大理會他。以後，他也就不來找我了。據說那次他並沒有做成那樁買賣。那個人也不是真正的老闆，他只是華洋藥房的經理。車子也不是他的，是老闆的。想來真有趣。除了說給你聽，別人誰相信？真格的，你相信世上有這巴宗事兒嗎？有人說：『人生就是一隻萬花筒，一動一個花樣。』真不錯。

「我把故事全告訴你了，你寫吧。你可以用你的想像，愛怎樣穿插就怎樣穿插。就用你的名字發表。」

雖說她說她已把事實告訴了我，但她所說的事實，自仍是非常「羅生門」地。人，為了自己的尊嚴，總得說些與自己有利的話啊。就拿她寫的那位西藥商陳經理來說吧，一開頭說她扮演了五天「程」夫人，寫到後來，那西藥房經理卻又變成姓「陳」了。這不是很顯然地她撇不開那些真實嗎！同時，她那次到台北來，始終沒有在她同學章以明家住宿，自從那天要在那裏會晤我，去過一趟之後，她就沒有再去。小說中則說她連夜逃回她同學家去。當然，如對照那幾天我所知道的她的行動，可以說她這篇未寫完的小說及附在後面的那些說明中，自然可以尋出這其中的真實部份；就像一隻帶著鴿哨的鴿子，你可以從它的笛音嗚響中尋到它的蹤跡。如這樣去尋思，豈不只是滿足於心理上的好奇想法。人就是這種卑劣的動物，最愛把智慧用在探討別人的生活秘密上。文藝批評家們也最愛從作品中去探討作者的生活背景，極力地要把作家的生活背景和作品符合上。「紅樓夢」之成為「紅學」——又有人建議要改成「曹學」，不全是從這一個角度上作觀點的嗎。

我對於她的這篇「戲」的題材，很感興趣，曾多次當著閔汶的面，要她自己把它寫完。我每次提到這件事的時候，她不是「顧左右而言他」的支唔過去，就用不屑一提的態度說：「我早都忘了。你愛怎樣寫就怎樣寫吧。」可惜我並沒有寫成這篇小說；我終究沒有那些生活經驗。而我也不是一個具有豐富想像力的作者，所以一直擺到今天。

5.

就在我接到閔汶這封信後不久，梁芸來到了台北。當我問起閔汶的生活狀況，她說閔汶正愁苦在一些流言的漩渦裏。這話並不令我驚奇，而且我還馬上猜到，必是屬於她工作單位方面發生的問題。果然，梁芸說是傳言閔汶和一位年輕的美軍軍曹過往很密。她說她問過閔汶，閔汶否認。「不過，照目前情勢看，將有壓力迫使閔汶失去那份工作。」梁芸最後說。

果然，梁芸回去不久，我接到閔汶的電話：從北投一家溫泉旅社打來。

「喂，馮聰，我要離婚啦。」

這是那天閔汶在電話上的第一句話。

「幹麼嗎？」我說。

「非離不可，我離定了！」

好像我是她丈夫，那口氣要馬上和我攤牌，要我馬上在離婚書上簽字我不肯似的。

我拿著話筒，一時不知如何回答，她聽我沒有講話，遂連連喂了兩聲，我才想到一句話，「妳那天來的？」於是她咯咯咯笑了，「昨兒晚上。」她說，「你能馬上到我這兒來嗎？」那時，下午剛上班不久，我答說不能。她則說：「那你下了班來，六點半我在汽車站接你。這裏靜極了。我把連起的兩間房全訂了下來。我要關起門來，寫上幾天稿。你來吧，給我參加點意見。」

似乎心底有一個主宰替我答應下來。放下電話筒，我又深感後悔；平靜了的心海，又波濤洶湧起來了。那天氣候很壞，向窗外看去，遠山的山峰，都被灰色的雲幕遮起，山腳下也浮漾著棉花糖似的雲翳。那農家房舍的紅色磚牆，在濃重的青烏色映照下，有如晾掛起的袈裟。一隻隻白鴿，在紫烏地屋瓦上蹀躞，向小樓上飛上又飛下。插在那小樓頂上的一桿白色旌旗，也被那壞天氣染得灰慘慘地，不時在一陣陣斜風中揚抑著。田裏的稻根望去一片片慘白。春天才植在窗前的聖誕樹，已吐出了血紅的花葉。窗外圍牆對面不遠處，正在建築樓房，打石機像我當時在跳躍著的心一樣嘩嘩作響。游目看去，見到台北市的疆域已潮似的漲來了。……潮、潮、潮……潮終於把我沖到了北投。

冬日天短，六點半已是燈火輝煌的時候。車方過士林，霧似的毛毛雨即已開始飄落，下車時，已是細雨如注。上車時，我就一再的這樣想：最好閔汶沒有到車站來接我，或者又遇上另一位男士。可是，車一停下我就看到了閔汶。她穿一件玫紅色的雨衣，頭上戴著同色的雨帽。她那鮮明的目標，不由我不向她多加注視。從她望見車開來，就踽踽走近，從她向車內尋視的神情上看，可以想到她已接過不止一班車了。

車停下後，我從窗口向她伸出手去打了個招呼。當我走下車門，她說：「我以為你六點鐘會到呢。」我知道她已等候了半小時了。

「六點鐘我才到車站。」我說，「我們五點半才下班。」

「喲！真是好公務員，」她打趣說。「多麼奉公守法。」

我沒有言語。地下已經水汪汪地，得看著路走。走在樹林下，有大滴大滴的水點落到頭上來，滴到臉上涼涼地，不由人要伸手抹那在臉上的水點流淌下去的水。

「你沒穿雨衣？」她說著用手帕為我擦擦身上的雨水。

「台北沒落雨。」我怪適意地答。突然覺得身邊的閔汶變成了玉理。

她帶我岔入一條小徑，拾級而上。「這是小路，」她說。走了數十級石階，又轉了兩個彎彎，再走進一條狹窄的小巷，才到了那家建築在半山上的溫泉旅社。現在，我卻已忘記那旅社的名字了；權且代為想一個名字叫「碧雲莊」算啦。閔汶開的那間房在一個角落上，浴池及盥洗室都連在一起。從那間出進，得經過一道約有三十級高的甬道，可以說這間房在這家旅社中，是近乎獨門獨院的一棟。是日式的，前後都有走廊，前面的走廊外邊，有一個小小的花圃，其中還設有小小的假山和噴水池；後面的走廊外邊，由於那裏是用石塊砌起的一個陡崖，又面臨著一個山坡——山坡上長有一簇簇蔥鬱地小松及灌木，石崖上也滿生了荊棘及野草，使這間房特別顯得幽邃寂靜。這間房，不連廁也有十四、五席大，中間有一道紙門一隔為二，可以作兩間使用；也可以作一間使用。怪不得閔汶說這裏靜極了。

「這間房很幽靜，」我說。「妳一來就訂到這間房？」

她似乎不願意回答我這個問題，遂說：「閒話少說，你吃什麼？」我仍在打量著房間，在欣賞著懸在牆上的二幅山水畫。「來兩盤炒麵成吧？」她又問。

「可以，」我答。

正好下女端著茶壺走進房來。她吩咐她去喊麵。

當然，我急於要問她為什麼要離婚？雖說我從梁芸的話中已知道了一些原由。而閔汶和我通信時，則從不曾提起這個。

「幹麼要離婚？」等下女走後我就問她。一提到這件事她就嚴肅起來，說：「非離婚不可。」

「我認為陸先生人很好。」我說。

「正因為他太好，我才要和他離婚呢。」

「丈夫好也是構成離婚的條件？」

「我問你，」她語氣中猶帶幾分氣憤憤地問我，「做妻子的受了委曲，做丈夫的應該怎樣？」

我望著她沒有發言。

「你說，」她又追問一句，「如果是你，你該怎樣？」

「安慰安慰她。」我說。

「如果有損害你妻子的地方呢？」

「你指的是那一方面的損害？」

「譬如我吧，」她說到她了。可是，她又突然停住不說下去，轉身嘆了一口氣，才繼續說，「反正我是不願意再跟陸金子過下去了。」顯然地，她把她想說出的話，說到嘴邊又收回去了。

「妳們吵了嘴？」我問。

「我才不跟他吵嘴呢，」她說，雙眉緊皺著，小嘴繃著。「他是有名的金子，你恨起來咬他一口，也不會要他出聲的。」

「那還不好嗎？」

「你怎麼也是那副陰陽怪氣？」她帶嗔帶笑地扭過頭來盯著我，「這就是你們男人對付女人的手段嗎？」

「丈夫能在妻子跟前忍耐還不好嗎？」

「什麼叫忍耐，」她又憤怒起來了，說著站起身來，「窩囊廢。對任何事情都不吭聲，那就叫忍耐？」

我想如果再把這事討論下去，準會使她越來越氣。遂從衣袋中掏出了她那篇未完成的「戲」，我說：「噯，還是討論討論妳這齣戲吧！」

「什麼？」她伸手接了過去。我說：「妳寫的那篇『戲』。」她剛接到手上，一聽我說是她那篇「戲」，便馬上又把它仍還了我——唰啦一聲落到我腿上。說：「我討厭死了這篇稿子。」她餘怒未息的站起身走了出去。

我尷尬地站起，把那篇稿子重新放進衣袋。這時我突然看到一扇紙門上，掛著一隻白老鼠，它一看到我發現到牠，就飛速的蹬起那個鉛絲編成的環形囚籠；那環形籠囚的白鼠滾轉不停。我走近前去觀賞著它，它的腳步更加迅速了，我看得出牠想從那每一根鉛絲間的孔縫中逃出而不可能，因而牠祇有加速腳步蹬蹬蹬，而牠也一直在那環形的囚籠中，無論怎樣努力，無法逃出，也無法改變牠現實的環境——那囚籠總是要牠保持著固定的姿勢。啊！人類的處境不也正是那樣嗎？每個人都在那麼努力地奔波著，想改善自己的現實環境，可是，那每一個新的現實環境，一旦踩到腳下的時候，你才會知道它照舊是老樣子——它照舊要你繼續向前踩去；它迫使你非向前踩去不可。於是我想到希臘神話中的施栖佛斯。

閔汶進來見我在觀賞那小白鼠的踩環遊戲，遂在我身後說：「你瞧，多好玩！你越是看著牠，牠越是玩得歡。」

「牠不是在玩，」我說。「牠想逃離那個環境。」

我這話似乎給了閔汶一些啓示，她遂沉默著把臉移到小白鼠的頭邊，凝神盯著小白鼠的臉，看了一會兒，她說：「對了，牠不是在玩，是想逃離這裏；我從牠眼眸中看出了牠害怕的神情。來，」她馬上把那鉛絲囚籠取下來，「我們放了牠吧！」

「就在這裏放了牠？」

「哎！馬上就放了牠。」說著就要去扳大一根鉛絲的縫口，我連忙阻止住了。

「放不得，」我說。「現在放了牠，極可能連今晚也活不過。」

「為什麼？」

「這裏不是牠的生活環境，」我說，「又沒有牠的同類，灰老鼠看到也會傷害牠的。」

「你真好，」猛不然她把我的頭扳過去，扳到她的頰上貼了一下。湊巧下女帶著飯館的一個蹚官送飯來了。我想那先走進來的下女一定看見了，閔汶頗不好意思的閃過一邊，把那隻小白鼠掛到原處去，一邊說：「我在這北投的火車站前買的，怪好玩。」

「可以做一個大些的籠子養著牠。」我說。

「送給你吧，」她說。我們已坐下吃麵。「明兒你帶走。」

坐到廊前吃麵時，我才發現雨下得更大了。

從坐下吃飯的那個時候開始，我就向閔汶大談起人生，從那隻小白鼠的處境說到她的「演戲」哲學。我儼然像一位父兄去勸說幼輩，像老師去規導學生那樣的角色。可是，雖然嘴裏說著「君子」之道，而心裏卻不時地想尋得一個機會，伸出嘴去在她的白晢的臉龐上嘬上一口，特別是她那唇上的兩片玫瑰花瓣，總想用舌去品品那說不出味分的芳芬。心裏越是這樣想，口中說出的語言，卻又越發的鄭重起來，態度也越發的莊嚴起來，因為我找出很多道理勸她不要離婚。雖說心裏邊還有一個魔鬼在挑撥著那惡念去……去……去……終於衝不過當前一道愈建愈高愈築愈厚的堤防。人雖具有善惡兩性，而「惡」總是躲在「善」的後面，它要在黑暗中不會被顯露的情況下，才會把善推倒，竄到善的前面去為非作歹。當然，那些惡性重大的人，則又另當別論了。儘管如此，我還是受了惡性的誘惑，在那裏住了一夜。

那晚吃完晚飯，我們又談了一些有關愛的問題。她說她根本不懂得什麼叫愛，她說在她心裏祇有「喜歡」與「不喜歡」；若是喜歡那個人，她就希望得到他——無論男女。她所要得到的並不限於肉慾，而是希望在她需要他某一項的時候，她正有某一項適合她的需要，這時對方也需要她，那就兩情歡悅吧。她認為兩性間的溶合是自然現象，誰都不可以勉強誰，夫妻之間也不可以相互勉強。「在法律上規定著：丈夫如去勉強妻子發生性關係，與強姦同罪。」她特別強調這句話。於是我插嘴問：「看起來陸先生不是一個勉強妳的人。」

「哼！」她用鼻樑向我聳聳，嗤了一聲說：「你們男人全是一樣，不是獅子老虎撲羊那一套，就是狐狸向烏鴉騙肉吃那一套。我問你，馮聰，」她盪漾著一雙黑而且深的眸子，嫵媚地望著我，剎那間我像站在一根深淵上的獨木橋，頭暈心跳，也把兩眼睜著，連眨也不敢眨了。「你們男人為什麼非要作主人不可？為什麼總拿女人當作附屬品？」

「妳們女人本來就是男人的附屬品。」我淺笑地說。

「誰說的？」

「上帝。」我說，「妳們本就是男人的肋骨造成的。」

「你相信猶太人的話？」

「那不是猶太人的話，」我說，「那是神的經句。」

「那麼，數一數你的肋骨？」她打趣地說。用手指著我的胸口。

「幹麼？」

「數數有幾根？」

「不用數，」我說，「生理衛生上已經告訴了我們——左右各十二根，共廿四根。」

「那麼我們女人呢？」她問。

「如不是畸形，人都是一樣多。」

「你們身上少去的那根肋骨呢？」

「上帝取下了一根之後，就馬上再生出了一根。」

「上帝既然有那樣大的神力，他創造女人何必還要借用男人的肋骨？」

「正因為她要妳們女人永遠附屬於男人。」

「我就不附屬於你們男人。」

「事實上妳已經附屬於男人。」

她楞了一霎，問：「你是指我結了婚？」

「而且妳已做了母親。」

「事實上是他附庸於我。」

「那妳為什麼還要離婚？」

「唔——」她又搖頭慌腦地思索了一霎說：「我要恢復一個自由的我，也不是妻子，也不是母親，我只是獨一無二的閔汶。」

「而妳又是陳小珍，還做了五天什麼程夫人陳夫人。」

她一躍而起，說：「不跟你談這些了。」抬起一條腿，揚起兩隻胳臂——一高一低地打了一個旋子，停下來的時候，險些兒摔了一跤。那時我已從沙發中站起身來，順勢把她歪過來的身體雙手承托住，正好她倒在我的懷抱中。她的頭倒在我的左肩上。我身上有一陣熱揮發起來，突然間我的身體向左扭轉，把臉面對著她的臉。當我要把嘴唇印上去的時候，她伸手把我的臉一推，另一隻手也推阻著我，頭極力向後一閃，咯咯地輕笑著說：「你不要胡來。」掙開我，頭也不回的從打開的一扇紙門處跑向另一間房，嘴裏還說著：「我決不附庸於你們男人。」我像一尊大火後燒透了的石像似的豎立那裏，有多種因子燃起的熱，在我身體的細胞中滾騰著。那時，如有人摸摸我的臉，準能把他的手燙焦，我想我的臉已經紅得透亮透亮地了。只隔了幾秒鐘工夫，閔汶從那紙門開處，探出半個臉來，我看到她的臉也紅得透亮，強抿起一撮小嘴，嫵媚而帶嬌嗔地說「等一會兒，回頭我告訴你一個秘密。」聲音是輕輕從嘴角間漾出的。說過便把那扇打開的紙門卡噠一聲關上了。我回身在沙發上坐下。心裏便想到她在「戲」中描寫的那位陳經理之獸性舉動；剛才的我不也是獸的舉動嗎？

啊！人如果沒有先聖先賢們為人訂立的那些做人的條件，一味的由著人的欲求去行去為，那麼，人就委實與禽獸無異；並且更要惡上百倍。禽獸還有其所謂「青春發動期」，它們的肚子飽了，便不再欲求食物；它們的青春發動期過了，便不再產生性念。可是人卻不同了，他們越是吃飽了，欲求的事物便越多——欲求的世界也越大。他們對於性的需要，無時無刻，不僅一觸即發，甚且一見美色即動邪念。所以，人經常需要依靠「人」為的戒律（我認為宗教上的一些所謂神的語言，實則都是人為的戒律）去阻止獸性猖狂。……這些，都是我現在所想到的。在當時，我記得是祇有羞赧；那種羞赧的感覺，有如一個偽裝紳士的人，正在大庭廣眾中演講道德哲學，被警察發現他就是那位轟動社會的強姦殺人犯的真兇，而即時加以逮捕的羞赧。俗諺所謂「羞得無地自容」這句話，我在那時候是真切地體會到了。

突然，我看到了玉理已站在身邊；看到閔汶的丈夫也站在身邊。心臟急跳，恥於再生活在我的胸腔中而急遽地想跳出胸腔以外去。熱繼續昇騰，似乎想率領著全身的血液隨同心臟離我而去。我覺得鬢角間和頸項間有蟲子在爬行，用手拂拭了一下，才知道是汗水在流淌；背脊上也濕粘粘地了。再用手摸摸頭髮，啊，有如才從游泳池中扎了一個猛子上來——全是濕的。才不過一二分鐘吧，我竟會滿身大汗，這情形是心理學家才能解釋出的現象吧？

噢，我忽然想到閔汶就要出來，能讓她看到我這樣熱得像個苦力——像生活在夏天中嗎？當我想到這裏，便一躍站起，奔入浴室。

從浴室出來，閔汶正坐在沙發上，扳起一隻腳在剪指甲。看見我就連忙屣上拖鞋。說，「你洗了澡了？」

「水太燙。」我說。

「幾點了？」她問我。一邊用指甲刀在剪指甲。並沒抬頭看我。

「九點過了，」我說。「我該回去了。」

她聽說我要回去，似乎頗感驚訝地抬頭衝我愣了一下，說：「我已代你登記好了，住在這裏。」

我又發起楞來了。心頭有點恐懼與希冀在兩相糾纏著。熱，又昇起了。

「不要胡思亂想，」她說。「一胡思亂想我們就會有了男女之分。」

「我們本來就是一男一女。」

我又恢復了明燦燦地理智。

「在生理上可以這樣說，」她說。

「妳認為在心理上不應這樣想？」

「唔。」

她抿起雙唇兜著打她心裏湧到唇邊的一絲笑意。

「生理是心理的大本營，」我說，「我認為有些心理是由生理上產生的；特別是男女這方面的事。」

「我們可以不去想到它。」

「事實上我們不能不想到它，」我說，「這是自然。所以聖人主張男女授受不親。」

「你得了吧！」

她說著站起來，又像剛才一樣地形式提起一條腿來打了一個旋；不過這次沒有要摔倒。停下來笑嘻嘻地用手指指著我的臉說：「剛才你已經露過原形啦。」

我想我的臉上一定有厚厚一層掛不住的羞澀與難為情。但我馬上瞭解到她沒有聽懂我的話。我的意思是說應實行孔孟的主張，把男女距離拉得遠一點。要不然，男女共處一室，時間久了，血親也會鬧出亂倫事件。於是我把這意思解釋過之後，她就走過來雙手推著我的背，說：「滾滾滾，我不留你。」可是，我的腳一步也沒有往前邁。窗外，正下著大雨。憑天地良心說，那時，我心裏雖有「應該回去」的意念，卻遠沒有「願意留在那裏」的意念濃。等她把手從我背上拿開的時候，我竟癡癡地怔愣在那裏。

當然，閔汶已看出我不想走的意念，遂說：「來來來，坐到這兒來，要走十一點也來得及；再繼續聊你的。」說著她又從沙發上站起，走來把我拉過去，推我到沙發上坐下。一邊說，「我真愛聽你聊，都是大道理。」

「哎，你倒說說看，」她坐下後為我提出了一個話題，「為什麼男女在一起就會胡思亂想？」

我閉起眼睛思索了一會。

「歸根結蒂，」我說，「都怪上帝那位老人家。」

「唔唔！」

她抿嘴點頭，學美國人的那種同意式的答話。

「當初上帝造人的時候，不該同時給了人兩種東西。」

「祇有兩種東西。」

她搖頭擺腦地重覆了這麼一句。

「是的，祇有兩種東西，」我說。「一種是獸性，一種是人性；祂給人獸性的目的，是要人傳宗接代，祂給人人性的目的，是要人管理著這個萬物的世界。」

閔汶閉目凝神地聽著，她的頭像點著又像搖著。

「按說，當初上帝把獸性賦予人，也像賦予其他動物一樣，所賦予的祇是一種自然性的本能。有如祂賦給植物的自然本能一樣。譬如花朵，何以要開得那麼美麗，它的目的就是基於上帝給它的自然本能，要誘引蜂蝶等昆蟲為它傳宗接代；果子為什麼長得那麼美那麼香甜，也是基於上帝給予它的自然本能，去誘引著鳥啊，人啊，獸啊，蟲啊的去吃它，好把它的種子，傳播到更廣更遠的地方去繁殖。何以一般禽獸一過了『青春發動期』就不再發生性念，正因為牠們沒有人性。」

「照你說來，人性比獸性還要惡？」

「我並不是荀卿的信徒，」我說。「我說的『人性』是造物主賦予的，那種高於萬物的靈性；所謂『人為萬物之靈』的那個『靈』。那個『靈』是除了人類之外，任何生物都不曾具有的。正因為人為萬物之靈，他們遂運用了造物主稟賦給他們的那個『靈』（也就是所謂『智慧』）掩飾了——或偽裝了他們內在的獸性行為。人雖為自己訂立了許許多多的戒律，他們都知道他們的男女關係得通過『禮法』，但在本然上，每一個男女都超乎由法的意念產生；特別是男人。所以我贊成孔孟之道，做到男女授受不親固不可能，男女交往的距離拉遠些，一定會減少一些男女間的社會問題。」

「得得，」她搖著手說，「你言不由衷。」

的確，我言不由衷——這也正是一般人嘴裏高喊著道德道德，而心裏卻有本然上產生的邪念一絲絲打從心竅間擠出去那樣。實則所謂「道德」，就是用以看守內心的邪惡——魔鬼或獸性——不要衝出來把「人性」的藩籬衝垮的一種御林軍；也就是說，當邪惡的意念在人心間產生的時候，道德的大軍便聯合了「人」的內在與外在的一切力量去阻止它們叛亂；撒出法網去捕捉它們，運用著各種各樣的枷鎖去牢獄它們。結果，它們還是不時的衝破人性的柵欄去攻城擄地；更可以說它們隨時隨刻都在你心裏蠢動著，任何一個人，無論你是多麼有道德有學問的人，它都會在你心裏蠢動。那些嘴裏說著道德道德而心裏卻仍舊難免地還想著一些邪念，說來這並不是罪惡——那是本然，倘使嘴裏在大庭廣眾之前高唱著道德道德，而暗地裏居然去做了一些邪惡的人，那才是不可恕的罪惡呢？不過在當時，我可沒有向閔汶說出這番話。

我祇說：「我們每個人觸及到這個問題的時候，都是言不由衷。人在這個問題上面，是最弱小的一種動物。我記得聖保羅在他寫給羅馬人的書信中，也曾提到人之所以常常犯罪的這個問題。好像他說人在沒有律法以前，罪是死的；有了律法，罪反而活躍起來了。正因為人在沒有律法的時候，既不知道什麼是律法，也不知道什麼是罪，所以人們犯了罪也不知道是犯了罪；等到有了律法，人們不但知道了什麼是律法，更知道了什麼是罪惡，於是，罪便趁著機會，藉著律法誡命來引誘人，結果把人性扼死。所以聖保羅哀呼著說：『我真痛苦啊！誰能救我這取死的身體呢？感謝神靠著主耶穌基督就能脫離了。』事實上我們人確需依靠外力才能不致讓獸性的罪惡大軍攻陷了心防。」（讀者先生，為了要把這一個問題的哲理表達得更明白些，我想還是把羅馬人書第七章中的一些句子抄在這裏，我覺得聖保羅的這些話說得更明白。「……我所願意的，我並不作；我所恨惡的，我倒去作。……立志為善由得我，只是行出來由不得我。故此，我所願意的善，我反不作，我所不願意的惡，我倒去作……。我覺得有個律，就是在我願意為善的時候，便有惡與我同在。因為按著我心裏面的人，我是喜歡神的律的，可是我覺得我的肉體中還另外有個律，和我心中的律交戰，把我擄去叫我附那肉體中犯罪的律。」）

「你簡直矛盾百出。」閔汶一躍站起，扭過臉來衝著我頑皮地笑著，兩隻手像做柔軟體操似的左右擺動著，繼續說：「上帝當初造人的時候，並沒有要他們分別善惡，是蛇引誘了亞當夏娃吃了禁果之後，才有了智慧，才知道羞恥，才別出善惡，上帝根本就不願意給人智慧。你前面說的那一套，我認為你說的上帝不是基督，跟基督教的創世紀不一樣！這會兒你又大談起基督教上的保羅，豈不是東拉西扯。我告訴你，馮聰，」她的臉色鄭重的說：「我什麼神都不信，我祇信自己；我任何外力都不依靠，我祇依靠我自己。……」

下女進房來把她的話打斷了。下女等她停嘴就問：「床怎麼舖法？」

「一面舖一份。」閔汶這樣囑咐。用手向兩邊指著。

我想說「我還是回去。」那下女去開櫃拿舖蓋，我沒說出口。於是閔汶又繼續說：「人就是人，不要扯到別處去。你要知道我是讀哲學的，西方的哲學家，我喜歡尼采，我們中國的哲學家，我喜歡莊子。就是孔子，也祇講人，不講神鬼；他老先生不是說嗎：『敬鬼神而遠之；』還有『未知生，焉知死。』四書上所談的也全是人生治平之道，講神論鬼，那是邪說——最低限度用孔孟的思想看，可以認為它是邪說。孟子不是罵過楊朱墨翟是邪說嗎？……

……」

我馬上抓住一個話柄接過去說：「楊朱的思想，就是你喜歡的尼采；所以孟子罵楊子為我。人類社會需要的是利他，不需要利己。」

「楊朱無書傳世，」她馬上接過話喳，「你還不能僅憑孟子的一句話，說楊朱的哲學是什麼。再說利他利己也是人自身的問題。」

「想來很簡單，正因為楊朱的思想是邪說，才不受大家歡迎，所以才無書傳世。」我搶著說。「關於利己利他的問題，就說尼采好了，他要人超人；人不可能人人超人；他要人不要依靠上帝——說是上帝已經死了，要人去依靠自己，對倒是對的，但要人不要聽從別人說的『你應該』(You shall)，而去依從自己心願的『我就要』(I will)。假使你也『我就要』，他也『我就要』，我們的人類社會豈不又返回到優勝劣敗適者生存的那個原始世界中去了。」

「你錯了，」她說。「尼采的超人，衹是要人從上帝的禁園中回到人自己的世界中來，由自我主宰自我。」

「人類的社會是一個我你他的社會，不是……」

「好了好了，」她雙手交叉揮舞，像打旗語似的阻止著我說下去，「我們停止爭論；我們兩個都沒有資格討論這樣大的人生問題。來，」她說著走向另一間房，「我這裏還有橘子，吃一隻吧，該口渴了，我也口乾。」

我隨她走到另一間，下女早把床鋪好離去。另一間房比這邊的要小上一倍，約莫有六席大小。房裏未開燈，祇有這邊房中的燈光從打開的紙門及紙縫中透過去的光暈，雖然能看見房中的事物，仍舊是一種灰黯黯地世界。一走進那間房我的心就卜通卜通跳，那是由於惡念又在心底蠢動了。

「我想我還是回去吧？」我說。

我說話的聲音很小，而且聲浪顫慄著。閔汶正在對一面牆角彎著腰取橘子，聽我說了那麼一句話，驚異地馬上站起身來，衝我望了一眼，說：「你怎麼回事兒？」她說著走去把燈開亮；開關就在她面前的牆角間。

我沒有回答，癡癡地站在那兒——燈一亮，在我心底蠢動的精靈們又都低下頭去了。

我想閔汶一定發現到剛才從我心底蠢動起的精靈們，遂說：「你的上帝呢？」

這時我已鎮定下來了，遂用手指指天花板。

閔汶可能沒有瞭解到我的意思，我的意思是說上帝已回到天堂去了，現已不在人間。她沒有再問，遂把手上的橘子向我揚了揚，說：「接住。」於是她把一隻橘子扔給了我。

「沒有車了，我的老兄。」她看看錶說。「你知道現在什麼時候了？快十二點啦！」

她用腳踢踢榻榻米上的被子，坐了下來。

「你倦不倦？」她昂起頭來問我，一片橘子在嘴裏，正把渣吐出。「如果疲倦你就去睡，要不然我們再聊會兒。坐下來，」她拍拍身邊的被子。要我坐在她身邊。

「你對男女的觀念，全是對的，」她說著，把坐勢移動了一下，面對著我。「男女的距離是要離得遠些。人就是人，聖人都在書本上，人間不是沒有，很少很少。我告訴你一件事實。」

我吃著橘子，靜聽她說。

「在我大二的時候，」她說：「有一位意大利籍的哲學老師，好像在英國得過博士；得過好幾個博士。年紀已經近七十了，滿頭的白髮，瘦骨嶙峋，據說孫子都讀了大學。我喜歡他講蘇格拉底，由於他在我們學校兼課，鐘點很少，我有時到他家去請教。有一天，我帶了一盤紅燒肉和素餡包子給他吃。老先生居然把一盤牛肉吃完，還吃了兩隻包子。我讚頌他的飯量很好，他拍拍肚子說，『因為我餓了。』他說著拿他一雙灰色的眼珠凝視了我一霎，又說了一句，『我非常的飢餓啊！』想不到他伸出雙手把我拉將過去，抱著我狂吻起來」，她伸出舌尖舐了舐口唇，嚥了一口唾液，又繼續說：「我被他那突來的舉動駭呆了，等到他緊緊地抱住我要向床上推去的時候，我才清醒，連忙用力掙扎，還大聲喊著『不，不……』他才把我放啦！我嚇得奪門而逃，連籃子和盤子都不要啦！說來，那個人還是一位非常非常虔誠的教徒呢！」

我望著她凝怔了一霎，心裏忽然想到了紀德的那篇「田園交響樂」所寫的那位牧師。我還沒有講話，閔汶就問我：「你說，男女交朋友是不是可以不作非非之想？是否可以像男人同男人，女人同女人一樣，祇有友情的存在，沒有其他的雜念？」

「男男女女還發生同性戀呢！」我說。

「那是病態，」閔汶說，「應屬例外。」

「那就除非那一對男女都是白癡。」我說，「要不然他們決不會不作非非之想。聖人們——包括宗教家——要人管制住惡念不要人隨著惡念付諸行動，那就是正人君子了。」

「好，」她淺笑著說，黑色的眸子滴滴溜溜，映著燈光射出勾魂奪魄的嫵媚，「該休息了，你明兒格還要上班。」她站起身來，提起腳來衝我背上輕輕蹴了一腳，「去！」她用手指著另一間房，「回你的房間去睡。」

我懶洋洋地站起身來，伸了一個懶腰，那些魔鬼們又在我心底蠢動起來了。閔汶似乎已經看出我那付神氣，連忙用手推我，於是我被推得蹭蹭蹬蹬地從打開的紙門處走到這間房來，閔汶在我身後卡格一聲把那扇紙門關上了。我還聽到她把搭扣扣上的聲音，跟著我聽到她走出房去，從另一道門走到盥洗室去了。我回身拉了紙門，拉不開，已經扣上了。

我脫衣就寢。如按往常，我早就疲倦不堪的很快睡著了，可是今晚，居然毫無睡意。我躺下之後，特別難忍的就是魔鬼們在我心間點起的慾火，總是熾烈地在林間燃起。

我重新把燈打開，讓我生活在光明中。可是，在我心理上知道現在正是最深最深的夜，房外有松濤嚶嚶幽鳴，鴞鳥啜泣，以及雨聲在簷下淅瀝淅瀝地的對語。當我想到這時的玉理可能還沒有入睡吧？她一定關心著我這夜去了何處？……想到這裏，突然像掉在冰窖裏，渾身冰冷，忍不住打了一個寒顫，慾火完全熄滅了——還有餘燼像小星似的閃爍著。我聽到閔汶回到另邊房裏來，聽到她綷嗦綷嗦地脫衣整被。我閉起眼睛躺著，但心很靜。我忽然聽到閔汶打開紙門，我睜眼回頭，見閔汶打開那扇紙門伸出半個頭來，見我未睡，就說：「你不把燈關了嗎？」我答說好。於是她穿著睡衣走進來，把燈為我關上，當她的腳步打我頭前經過時，我曾想伸出雙手去抱住她的一條腿，而我卻沒有那樣做，有一個力量在抓住我的雙手。我聽到閔汶又回到另一邊房中，關上紙門，並沒有扣上搭扣的聲音。

黑暗就是魑魅魍魎活躍的世界，當燈關上後，我心上的慾火又被魔鬼點起了，那熾烈地火燄又在林間益加發狂地燃燒起來了。我知道那紙門未扣，於是我裹起被子一寸寸向紙門邊移去，移去……

不大會工夫，我就蠕蠕地移到了紙門邊。用手拉拉那扇紙門，拉不動，我知道是扣起來的。再把身子向上移移，把臉貼到紙門最裏邊的縫上，隙縫太細薄了；細薄得像一根線一張紙邊。同時，由於那縫隙是緊貼著門框的，我想用眼睛從那裏窺視另一間房中的動靜也辦不到，我祇能看到她房中還有綠暗暗地燈光。於是我祇得把耳朵粘到紙門上諦聽閔汶在房中的動靜。聽了一會兒，似乎祇有閔汶的呼吸聲，以及從房外傳來的夜聲。忽然，我覺得閔汶的呼吸聲就在耳畔，起先，我以為是夜靜的關係，聽著聽著我突然覺得貼在臉上的那扇紙門在緩緩移動，我心頭的恐懼漲滿了胸腔，窒息得非得打開嘴巴呼吸不可。

我把臉輕輕向後移移，啊，看到那扇紙門已從門框邊移開有一寸大的縫隙了……二寸了……。不惟我的心在膨呀膨呀的跳，幾乎渾身都在戰慄著。當我把臉向後移移，目光射到那正在緩緩開大到約有四寸寬的紙門縫隙處，映著綠燐燐的光暈，我看到了一張慘白的臉上鑲著的一雙黑寶石似的眼睛，我們兩張臉的距離，可能連一個拳頭也放不進去。她自然也同時看到了我。我遂伸出手去，猛的一下就把那扇紙門拉開一尺多寬，當我一骨碌弓起身來的時候，她已迅速地把紙門喀嗒一聲關上，並把搭扣扣起。嘴裏同時笑著說：「哈哈，你真壞！」我聽到她也一骨碌站起，我敲著紙門輕輕喊她，卻聽到她已走出房去了。可能去了浴室，她那間房的套間就是浴室，去洗滌去了。

我在房中踱蹬了一會兒，思索著剛才在紙門邊的那一幕，特別是我看到的閔汶那張慘白的臉與一雙黑寶石似的眼睛，想著想著，突然覺得剛才看到的閔汶那張臉和那雙眼睛不是人的而是幽靈的，遂頓時打了一個寒顫，毛髮都在豎起，心恐懼的在跳，我急忙打開燈，讓光明籠罩著我，把夜驅到房外去。重新把床鋪好，再睡下去。有一絲絲倦意從眼睛襲來。我不想睡了，祇希望馬上天曉。我聽到閔汶回房來，我聽到她打開紙門——可能是看我的動靜吧？我微微睜開眼睛，偷偷地瞄著站在紙門邊的閔汶，聽到她輕輕吹起口哨，那時，上帝已把疲倦加諸我，不想動了。祇數秒鐘，閔汶便退去，關上紙門，我的聽覺告訴我，她沒有拴上搭扣。我心裏遂反覆地思索著，人何以如此的脆弱，竟不能自己管制自己；特別是當邪惡在心中猖狂起來的時候。於是我再反覆地背誦著聖保羅的那些話，「立志為善由得我，只是行出來由不得我。故此，我所願意的善，我倒不作，我所不願意的惡，我反倒去作。」……

在夢魘中醒來時，陽光已照在臉上。我驚悸地爬起身來，看看腕上的錶，還停在三點十分上；錶停了。我想起我今天上午還有重要的公事要辦，我是急於要在上班時趕到辦公室的，現在一定晚了。看看那道紙門還關得嚴嚴的，我想閔汶還在睡著。我把起床的動作，聲音放得輕輕地，臉也沒洗，牙也沒刷，穿上衣服就輕輕開門出去。還好，時間才七點半鐘。我走到大門處，告訴下女，要她告訴閔小姐一聲，說是我要趕回台北，未驚擾她。可是下女說，閔汶在半小時前就已起床去了台北，因為昨夜有封加急電報打來，今早一早給她，她就馬上起床到台北去了。臨走時，要我們為您準備一份早點，還要我們提醒您，別忘了把那隻白老鼠帶走。聽到那下女的話，心頭頓時萌起一絲迷惘，因為我急於回台北，沒有多煩惱自己。祇愣然了一霎，便告訴她們我早點不要了，要馬上回台北去。要那下女去為我取來那隻白老鼠，於是，我把牠拎在手上，牠不停的嵩嵩地蹬著，想逃離那現實的囚籠而不可能。牠那一身的潔白，使我想到那隻飛進窗來的白鴿。如果牠是一隻白鴿，昨夜我就同閔汶放了牠，正因為牠沒有翅膀。有翅膀又當如何呢？天上還有鷹隼。禽獸還是一個優勝劣敗的世界啊！

突然，有一種迷惘的悲哀在襲擊我，那不完全是從一隻小白鼠身上產生的，也不是從我時常想到的白鴿身上產生的，也不完全是從閔汶身上產生的，如今想來，可以說我們生來——自從有意識的那天開始，就遭受到這種迷惘的悲哀在襲擊。人，才是世界上最懦弱、最渺小、最可憐、最悲哀的一種動物哩！

八點四十分，才回到辦公室，處長已找過我一次了。為了回家見到玉理時不會產生愧怍的神情，又忙著打了一個電話給玉理，告訴她我昨夜到桃園去了，今早才隨著他們的上班車回來。玉理對我總是那麼賢淑：「我正要打電話問問呢？我也想到，可能臨時出差出去。」

心情這才安靜下來。

當天晚上，我們正在吃晚飯，閔汶偕同她的陸先生翩然到來。閔汶穿了一件玫紫色的旗袍，雪白的翻毛短外套，頭髮也是新理過的，銀灰色的高跟鞋，那是我從來沒有見過的盛裝，真是艷光照人。她們來，要請我和玉理明天到「綠洲」吃中飯，明天是星期日，她們要我們把三個孩子全帶去。堅決地非要我們去不可。留他們吃飯，他們不肯，坐下後連杯茶都沒吃就匆匆走了。玉理讚美他們是一對璧人。而我卻沒有告訴玉理說他們在鬧離婚。

第二天中午，玉理從禮拜堂回來，便和我帶著老大玫玫，在十二點差五分的時間，就到了衡陽路的「綠洲」。那時，他們還沒有來。飯店午飯正忙，幾乎沒有空位。我到樓上看看，單房中也沒有他們的蹤跡。我們在門口站了約有五分鐘，也沒有在往來的行人中發現他們兩人的影子。我和玉理都清楚的記得，他們說得清清楚楚，是「綠洲」，還說明是中央商場隔壁，大萬商場對面。玉理說還是進去找個空位置等吧。於是我們在樓下等到一張空桌子坐下，告訴侍者在等客人到了再點菜。我們一直等到過了十二點四十分，他們才到；若不是玉理有耐性，一再說再等一會兒，他們一定有事，我在二十分鐘前就想點菜吃飯了。

閔汶還是昨天那身紫紅色的旗袍，不過沒穿外套。那是一件半袖的，露出半截玉似的胳臂。那件旗袍也沒昨晚整潔，靠右腿前襟，印有灰烏烏地巴掌那大一塊油斑，胸前也有一個點一個點的那種同色的油漬。領扣沒扣，敞開有一寸多寬。一進來就令你看出他們不是昨晚到我家時的那種歡樂氣氛。雖然兩個人一進來就連說對不起對不起，總令人覺得他們兩個有些不對勁兒。玉理也看出來了。雖說他們為我們點了好幾個名菜，由於我們不吃酒，他們也沒有吃酒，所以這頓飯匆匆地就吃完了。玫玫要睡覺，吃完飯後，我們就告辭回家。臨行時閔汶告訴我們說，她已決定搬到台北來住，這就去找房子，說是遷來台北後，再好好的請我們到他家去吃一頓。一再說今天太簡慢了。就在這以後的一周間，閔汶就遷到了台北。

6.

那是一幢磚造瓦頂三房一廳的平式房屋，全部衛生設備，外帶下人房。佔地雖不大，不過三四十坪，可是獨門獨院；在十年前的通化街，地處雖稍嫌偏僻，但那幢房子在那時確算得上是上流寓所。他們花去五萬多新台幣買下來的。在今天說，五萬餘元數目甚微，在那時卻是十餘根大條（金子）的數目。所以一提起房子來，閔汶就半帶興奮半帶自誇的說：「噢，買這房子，我傾了家底兒。」的確，閔汶遷到台北後不到一個月，就開始為經濟困淆著了。

剛遷到台北之後，閔汶過了一段——算來也不過十天的平靜日子。我記得她遷入新居住定之後，曾請我和玉理到她家去吃飯。那天，玉理沒去，她推說還有下周教學就得啓用的單元（幼稚園用某一事物為中心的教學教材）沒寫好，必須當夜趕寫出來，要我一個人去算了。那天晚飯，祇有我一個朋友；就在那天晚飯桌上，閔汶當著她的丈夫，用堅定的口吻說：「陸金子，我可以當著馮聰這位朋友向你保證，今後，我閉門讀書，謝絕一切應酬做你的好妻子，做孩子的好母親。明年參加高考，如果考取了外交領事官，就可以帶你們全家人到外國，」她用筷子指著她的先生和坐在她先生腿上的女兒，「我不信太太不可以把丈夫當作家眷帶著，」說著又用筷子指著我說：「馮聰，我最不贊成你的理論，什麼女人是男人的附庸，最起碼我不是。」

她先生好像沒有聽見有人說話似的，只顧自招管著坐在腿上的女兒吃飯，我則答說：「如果妳做了外交官，把丈夫孩子母親，都帶出國外，那當然再好沒有了。」

「你聽她成天空想。」陸君仁（外號金子，因為他沉默寡言，同事們為他啓了這個外號，據說是這樣。）說。正在為女兒剝去蝦子的外皮。但聽語氣，則是向我說的。

突然，閔汶把臉沉起來了。低扭起頭愣了丈夫一眼，然後抬起頭來衝我說：「你聽，他半天不刷一句，崩出一句就像山上飛來的石頭一樣。」

大概陸君仁知道他的話得罪了閔汶，所以馬上昂起臉來，衝閔汶嘻嘻呆笑。

「喏，又笑啦！」閔汶衝著我在說她丈夫，然後用胳臂肘向她丈夫肋骨一搗，說：「得啦，沒人跟你開心。」

「成功都從空想得來，」我說，「不過光想不成，主要的是付諸實行。」

「你瞧著，」閔汶說，「今後，我沒事決不出門。告訴你，我搬來五天了，台北的朋友除了你跟莫健漁，還沒第三個人知道。你瞧這地方多偏僻，四週全是稻田。要不是想隱居，幹麼我會看上這裏的房子。我要學陶淵明了！」說著她背誦起陶潛的「飲酒詩」來：「結廬在人境，而無車馬喧。問君何能爾？心遠地自偏。採菊東籬下，攸然見南山。」「喂！陸金子，」她說著扭頭去衝她丈夫說，「你明兒格別走，打電話去再請一天假，明兒你給我找兩個工人，把前院裏的空地掘出來，全給我栽上菊花。」

陸君仁沒有回答，拿眼看看我。從他的眼神裏，我猜想他心裏在說，「你聽這人是不是神經病？」

「也不必這樣急呀！」我說，「花也不是一天就栽得成的。」

這時，陸君仁想到了一句話，說：「菊花多得是，改天買幾盆就是啦；栽，也不會馬上開花。」

「那你今兒晚上就去給我買幾盆來。」

湊巧她老太太在旁邊聽到了，於是就噓出口氣說：「哎呀汶汶，你這打小兒的脾氣怎麼老是改不了啊！就是有個會呼風喚雨的神仙成天跟著，也伺候不了你。」

「我又不是要他去呼風喚雨，既然菊花多得是，今兒晚上怎麼就買不得啦！我去，」她說著就從飯桌上站起，昂昂然就向門外走。嘴裏說著，「我今兒晚上非買來不可。」

「哎哎，別那麼任性嗎？」

我隔著桌子喊。她母親，丈夫以及她三歲大的女兒，全愣在那裏。我打算從桌子裏邊繞出來追出去的，閔老太太向我搖搖手。我只有站在那裏望著閔汶走出門去，聽到她嘭地一聲關上大門。

「唉！」她老太太嘆了一口氣。衝我說：「馮先生你請坐下吃飯，別管她。她一上了這種脾氣，天王老爺也管不了她。唉！」老太太又嘆了一口氣，「都怪我們先人打小兒寵壞了她。」於是，就在這天晚上，我知道了閔汶的身世。她是一位北洋軍閥的軍長的獨生女，雖不是金枝玉葉中長成，她的童年則確在要什麼就能得到什麼的環境中生活過來。據說在她三歲的時候，秋夜帶她賞月，她要把天上的月亮摘下來玩。雖然當天晚上沒能辦到，可是第二天晚上，可真的為她把月亮摘了下來給她。聽閔老太太敘述那件事說：

有個姓王的師長，忽然問閔汶，「妳看天上的月亮漂不漂亮？」閔汶說：「漂亮。」又問她「好不好玩？」答說：「好玩。」想不到王師長又問她，「想不想要？」汶汶當然說「想要」。那位王師長就抱起來逗著她說：「伸手去摘！」汶汶真的伸手去摘。那當然摘不到手了。可是閔汶非要摘到手不可。於是哭鬧起來，怎麼樣哄也哄不好，她是非要天上那個月亮不可。把大家賞月的興趣全鬧沒了。好說歹說，允許明天給她摘下，告訴她今天是中秋節，今天是留給大家看的，她才不鬧。這一來，把我們家軍長也鬧火了。遂說：「王師長，不管你怎麼樣，明兒格你非得給她弄個月亮來不可。要不然我把你的腦袋摘下來。」這一下可把王師長嚇壞了，連說是是。第二天晚上，他居然騰空了三間堂屋，佈置了一個中秋夜的天穹，用大小電燈等等，裝滿了一房子的星星和一隻看去像月亮一樣的月亮。還找來一些戲班子演了一齣唐明皇遊月宮。請了很多人去賞月。就在這種煞費心計的布置下，王師長終於抱著閔汶摘下了那隻月亮。閔汶的脾氣，就是這樣慣出來的。

那晚，若不是閔老太太講了閔汶小時候的一些故事，我真後悔去吃那頓晚飯了。回家之後，就把晚飯桌上發生的情形告訴玉理，而且述說得有聲有色，可說全出於要掩飾心情上的一種歉疚。無論什麼時候，我向玉理說些什麼，她都是全神貫注地聽著。等我說完，她則讚美著說：「她是一位奇女子！」我慶幸她有先見之明，沒有去吃這頓晚飯，她則說：「不，我倒遺憾於沒去吃她們這頓晚飯了；」我奇怪她為什麼要這樣說，當我想追問她下句的時候，她下句的理由已說出來了，「我如果去了，那件不愉快的事就不會發生。」我急忙插嘴問，「為什麼呢？」她說：「如果多了我一個人，當時的環境就會改變，像你說的不愉快的事，就不會發生了。」說過，她竟低下頭去，閉目默禱起來。凡事，她總把責任拉到她自己身上去負荷起來。

「明天你去看看，」她說，「看看她們夫妻和好了沒有？」

「陸先生明天就回屏東去了。」我說，「陸先生還在屏東工作。」

「噢！」玉理若有所思地瞇了瞇眉睫。

第二天下午，閔汶就打電話來，告訴我昨晚她買來四盆菊花，一盆黃的，一盆白的，兩盆紅的。「你來看，開得好漂亮喲！」晚上我去了她家，四盆菊花，置在廳前，她果然當晚就得到了。

此後的半個月，她總是每天打電話來，甚至一天有兩次。同樣地每天使我聽到電話鈴響就心跳。在春天，我一聽到電話鈴聲就心跳，是由於希冀心切在我心理上造成的緊張；這時，則是生怕又是她的電話，那位接電話的同事就會說，「喂！老馮啊！又是那位小姐。」她的電話太多，坐在放有電話機桌上的那兩位同事，都聽熟了閔汶的聲音。她打電話來，不是說正在寫一篇小說發展不下去了，要我去協助她研究一下，就是說我又想到一個題材，你來我講給你聽聽，要不然就是從街上打電話來，說是已買好電影票，要我在什麼什麼時間之前趕到某一電影院，她在門口等我。往往，她不等你說有沒有時間出去就把電話掛上了。弄得你六神無主。因而在那些日子，我辦出去的公事常常是寫錯了字，寫漏了字，甚至受文者的番號張冠李戴，有時從校對室打回來或在監印室打回來。更有一次從受令單位原件寄回。

「馮聰，你近來怎麼回事？」有一天，處長和副處長把我叫去問，「你近來的公事，總是出錯，判別問題的思想，也沒有早些日子精密周到，字也寫得潦草起來，」他們瞪著我，我低著頭，緊閉著呼吸，壓制著心跳。「瞧你近來的神色也不對，總是怔怔忡忡地。聽說常常有女人來找你，是不是有了外遇？」我連說沒有，祇有一兩位文友不時有來往。「不要越軌噢！」處長面帶笑容，而語氣卻非常鄭重地說，「咱們是多年的老同事，我不但吃了你的結婚喜酒，還吃了你的頭生孩子的滿月酒。所有的同事都讚美你們夫妻是一對天配。我知道你們倆都是基督徒，你們都受過高等教育，據說你太太對於宗教，虔誠得連電影都不看。你可不要在外面鬧出笑話來噢！喏！把這件公事拿去改了，快信寄出。」他交給我一個信封，我伸出打顫的雙手接住，處長仍在說，「好在是一件普通的公事，如果是一件作戰命令，像這樣錯法，那可要出大事了。追究起來，你我都得掉腦袋。以後可不能這樣大意。」我接過那件公事後，處長又加重一句語氣說，「和女人交往，一定要保持距離，過往得太密切了，難免會鬧出差錯來。等鬧出來再後悔就晚了。」

我記得我當時是含著兩汪眼淚退出去的。因為我無話解釋。那些日子，我幾乎每周至少有三天晚上和閔汶在一起玩，有時下午還藉詞請假陪閔汶坐咖啡館或看電影。我雖然知道不該和閔汶玩得這麼接近，總是管不住自己。不要說她約我我無力拒絕，就是她不約我，我也忍不住要尋些理由去找她。

儘管那天下午，受到我的處長以友情的器度規勉了我一頓，確實想到我和閔汶的交往，是要疏淡些了。她遷到台北來的這些日子，我們的交往雖無苟且行為，不要說別人，就是自己也覺得太反常了。當天下午我寫了一封信給閔汶，告訴她我們今後要疏遠一些，我提議每週見面一次。就在當天我把信寄出，心情漸趨平靜地下班到家時，赫然看到閔汶正在我家和玉理談話；玉理每天比我早下班一小時。她一看到我，就把手一揚喊著說：「你才回來呀，我這等你去看電影哪。」玉理見我回來則站起身來說：「你陪閔小姐談會兒吧，我去燒飯。」又回頭衝閔汶說，「閔小姐您在我家吃飯；沒有菜。」

「沒法吃飯，」閔汶連忙說，「票都買好了，七點的一場，現在都快六點了。馮太太我請你們街上吃吧。是費文麗演的『慾望街車』，說是她演這部電影，竟真的發了瘋。走，這就走，等會兒趕不上啦！」

玉理為難的望著我，她不願意向生朋友表示她不看宗教性以外的影片，看到閔汶那樣堅決，又不願違拂人意，所以她一時間頗為為難的僵愕在那裏，不知如何拒絕。於是我說：「玉理不大喜歡看電影，」我的話沒有說完，玉理就趕忙接過去說，「不是，閔小姐，我有三個孩子，同時，我幼稚園的事也多，晚上還得抽點時間編寫教材，今天真是離不開。還是馮聽陪陪你吧，閔小姐，等那天周末，我來請你。」又臉向我說：「你陪陪閔小姐，你知道我走不開。」

我在辦公室受到處長一番規勸，曾堅定地告訴自己，「你和閔汶的交往，萬不能再那樣密切下去了，要不然你就要掉進深淵了。」（實際上，我那時的精神業已掉進深淵。）但下班後看到閔汶正在我家，雖然一陣驚悸，卻馬上就被一股歡快的潮沖來，反而把那驚悸漫埋到水底去了。

我本可向閔汶推說今晚需當夜班，同時，「慾望街車」我也看過一遍了，但當玉理要我陪閔汶去時，反而覺得像奉命而行似的心安理得，遂把我下午規勉自己的意念，輕輕的就拋到了一邊。當時還這樣想，正好我在陪她，更認為從這次之後，我們就要疏遠了。就這樣我祇到家打了一個轉身，便隨同閔汶乘三輪車到萬國戲院。雖然票已買好，也無吃飯的時間，我去買了兩隻「熱狗」，便匆匆進場。

電影是由美國一位劇作家田細西·威廉姆斯的劇本改編的，馬龍白蘭度即由主演此片出名。當費文麗演到那個女教員的發瘋，被強拉上瘋人院的汽車，閔汶的右手抓住我的左手，四個手指緊緊地扣在我的手心上，好在她的手指未留長出指肚的指甲，要不然準能把我的手心穿透。我忍耐著，因為我非常瞭解她從費文麗那個角色上受到的痛苦之處。她從屏東之毅然地遷到台北，不正是費文麗那個角色到了妹妹家的遭遇嗎！

看完了電影，她一聲不響地更好像業已把我忘了——甚而可以說把擠在她身邊的所有觀衆都忘了似的那樣，茫無所覺地在退潮觀衆中走出電影院。等我擠出偏門，卻已不見了她的蹤跡，我總是向漢口街及武昌街的方向尋找。沒有找到她的影蹤。電影院門前麕集著一些等待第二場進場的觀衆；人並不多。我在電影院門前徬徨著，不知是向左方尋去好，還是向右方尋去好，還是自顧回去。這樣大概彳亍了有五分鐘，第二場的觀衆進場了。正在我遲疑著，突然身後有人拉了我一下膀子，回頭一看，是閔汶，她遞給我個紙包，她手上還拿著另一包，我把它接到手上，覺得還熱騰騰地，未及打開，她就說：「走。」說著就向電影院的大門進口處走去。我隨著她走過去，一時還沒想出到那裏作什麼，等走到進口，我看她把手上的兩張票交給驗票小姐撕角，才知道她又買好了第二場票。

我又陪她默默地看完了第二場。當燈開亮，我們從座位上站起時，她回頭衝我說：「好啊！」已不是看過第一場後的那種情態，顯然地，她的心頭已經舒暢開了。在中華路的小攤上吃了宵夜後，已快十二點了。喊了一輛三輪車送閔汶到家後，我才回家。我們雖然談了很多，所說的全是有關電影的事情，從費文麗談到「魂斷藍橋」談到勞倫斯・奧立佛的「王子復仇記」，談到「飄」，談到克拉克・蓋博……又從「飄」談到「琥珀」談到「金石盟」……

……。而我終究沒有把我應和她疏遠一些的道理說出來。

雖然我這天和閔汶出去看電影是玉理慫恿的，但竟回家這樣晚——總是覺得過分了。所以我坐在三輪車上，從通化街到長春路這一段，我心裏老是反覆地說著「我回來太晚了。可能玉理還在等著我吧？」每在我加班過了十一點才回家的日子，她都是這樣等我，不是做她幼稚園的工作，就是打毛線或補補綴綴。我希望這天到家她最好已經入睡，那我就可以免得被她看出我臉上堆著的愧疚神情。可是，我剛走到大門口，玉理正好在打開籬笆門迎我。

「你一走進巷口，我就聽出是你的腳步聲。」她說。

玉理的語氣，好像當年和我們戀愛時，那樣的溫柔嫵媚；結婚六年以來，她對我從來不曾改變過上帝賦予她的賢淑性格。這時聽到她這樣說，真是使我慚愧得想把自己縮小成一粒塵沙，隨風而逝。可是，我的心祇痛楚地收縮了那麼一霎，覺得臉上一陣熱而已。

「電影好看吧？」

沒等我說話，她又這麼溫和地問。

「不錯，」我說。把臉貼到她臉上親了一下。「一連看了兩場；費文麗演的那個女人……」

我沒說完，玉理就把我的話打斷了。她關上籬笆門時，抓住我的手覺得很涼，遂說，「快進來吧，你的手冰冷地。我忘了要你加件大衣出去。」

我瞭解她不願意聽我向她有所解釋什麼？

「妳的手也冰冷，」我說。「以後我決不會回來得這樣晚了。」

「你餓嗎？」她問。顯然地要避開我的話。

「不餓。」我答，「吃了宵夜。」

「我才燒了一壺水，」她說。「你如不需要沖杯奶粉吃，那你就倒出來洗腳吧。」

入睡時，已過一時。我想把當時愧疚的心情向她明訴一番，而她卻拒絕我說。總是我剛一開頭，她就說：「不要說那些瑣事。」伸手堵住我的嘴，「祇要我瞭解你就夠了。」

不久之後，我就聽到玉理熟睡去的那種呼吸聲息。均勻而平靜。我卻久久不能入睡。我知道我的精神已跌入深淵，我在極力地想從深淵中爬到岸上來。玉理正伸出她一雙援救我的手，而我似乎還不曾爬到可以夠到玉理的那一雙援手之處。痛苦像鑽進心中的一條毒蛇，在心上盤結著，一口一口地噬咬著我。人在不能入睡時，總要輾轉反側，我怕驚醒身邊的玉理，連輾轉反側都忍耐著。夜靜極了，孩子們的平靜呼吸和房外的風聲呼應著。我不知什麼時候入夢的，在一個莫名的夢的世界中，曚曚矓矓醒覺來時，聽到松山機場的飛機已在試車了。我想時間已接近黎明，當我醒來轉了一個身的時候，覺得身邊的玉理也把身子轉過去了。而且跟著聽到她吃力地咯咽了一聲，那是人們在壓迫著呼吸或是把口腔中的痰液積存太多，不得不強吞下去的一種聲音。繼著我又聽到玉理張口虛出一聲長長的嘆息聲，雖然是那麼輕輕地怕我聽見，我還是清楚地聽到了。於是，我屏息靜氣地諦聽，忽而又聽到耳邊有落葉飄落到地上的聲音。我這才突然想到是否是玉理在哭呢？急忙伸出雙手去摸玉理的眼睛，她非常驚覺地把臉縮到被子裏。當我的手觸到枕上時，啊！枕上已被淚濕得粘手了。

「玉理！」我雙手抱著她的頭。「妳哭了！」

「沒有。」

她翻轉身來，把臉埋在我的胸前。我的胸部也感覺到她正在暗中用手帕擦淚。我從她手上奪下一條濕得可以擰出水來的手帕。

「你在哭。」我說。

「唔。我昨晚又看了一遍那本『田園交響樂』。」

她無法掩飾地這樣回答我。像小雞在天黑時擠著往母親翅膀下鑽那樣向我胸上貼。當然，我知道她暗中哭泣是因為我。

「我已經寫信給閔汶，」我說。「告訴她應當把友情疏遠，……」

「不，不，」她連忙阻止我說下去。「我不是為這個，你別誤會；」然後改用鄭重的語氣說：「不過，君子之交淡如水，別讓外人講閒話。」

「是的，」我說，「我並沒有做出對不起妳的事。」

「我知道，我知道，別說啦！別說啦！」

她又拿手掩我的嘴，不讓我說下去。那時，我直想哭，忍住了。

巷內有腳步聲，我昂起頭來，看到窗帘的隙縫中已有灰色的光澤透進房來。我知道天快亮了。我們相擁著誰也沒有再講話，等我再醒來時，玉理已起來梳洗完畢，正用雞毛帚在逗弄我的臉。她見我醒來，遂說：「起來吧，要上班了。」拉過玫玫到我臉上親一下，要玫玫說：「跟爸爸再見。」我知道玉理要帶孩子去上學了。臨走時說：「早點在蒸籠裏。」每天，她總比我走得早些；把大的孩子帶走，把兩個小的分別送到看管的同事太太家去。把我的早點放在蒸籠裏。等我和玫玫親親，玉理帶她走出門去之後，才想到玉理的眼睛是紅腫的。一陣不安襲上心來。我才想到昨夜玉理一定哭了很久。越發的要下決心和閔汶疏遠。

隔了一天的上午，快下班了，閔汶打來電話。她說她收到我的信，同意我的看法。問我是不是玉理說了閒說。我答說不是。她則說一定是。在電話上，有些話我總不便說。「我寫了一封信給你太太」她說。我問她怎樣寫的？她說沒有寫什麼，祇是表明我們的交往是純友情的。我說玉理瞭解這些。心裏則在責怪她多此一舉。她聽到我說話細聲細氣，慢慢吞吞，自然瞭解到我的心情在煩亂消沉。遂說：「好吧，再見。問候你太太好。」跟著就把電話掛上了，等她掛上電話，我卻又後悔於有很多話沒有說；又耽心得罪了她。於是，情緒越發的煩亂了。似乎非得當面說個清楚不可——希望把玉理的性格以及玉理在昨晚偷偷啜泣的情形告訴她。這樣疏遠，也許彼此會更諒解些。那時，同事們都在整理案頭上的東西準備下班，有些在餐廳吃飯的人，已經離開辦公室。我回家也祇是熱我那份便當——玉理中午不回家。遂在下班空間裏，逕直到了閔汶家。客廳裏坐有一個客人，是我見過的那位莫健漁。老太太的喘病又犯了，閔汶不在家。據下女說一早出去還沒有回來。那位莫先生則說他是她昨天約好十點鐘到這裏的呢。閔老太太聽到我在客廳講話，著下女來要我到她房裏去。

閔老太太擁起被子，倚著床頭檔斜躺著，氣喘迫促得不但使她的口一張一合，連上半截身子都一伏地翕動著。我進去之後，她用手拍拍床邊的一張骨牌凳子要我坐下。我一邊坐下一邊說：「老太太，我不知您病了。」

「老毛病。」她氣促促地答「一氣就犯。」

「去看過醫生嗎？」

「不用看，」她說。「我的病，醫生是治不好的。」

說著從眼角上滾下兩粒豆大的淚珠。

「我沒有多久好活了！」她悲哀地說。嘴顫慄著。淚水看是湧泉似的流下來，她拿出手帕在擦拭。我說：「你別傷心！伯母。哮喘病祇要易地療養，就會好。」

「唉！」她嘆了一口長氣，「我這病全是汶汶氣的。」

於是她告訴我，自從買了這幢房子，已把積蓄用完，還向朋友借了兩條。到了台北之後，家用更大了，本來，陸金子一個人的薪水，就不夠開支，這一搬到台北越發的不夠了。

本來，說定汶汶自己賺錢自己用，家也不用她管，在洋機關做了兩次事，每月一千多，還是不夠她一個人花的，經常還得切金子賣。到台灣這幾年來，每年她都要切去兩條以上。我總是勸她：汶汶，我們到台灣來是逃難，不比在家。在北平，咱不但按月有房租收，鄉裏的田地，一年也有兩次莊稼收，妳多花幾個顯不著。現在，光憑金子的一份薪水，別的一點進項都沒有。維持我們這幾口人的開銷，省吃儉用自然會過得快快活活，若加汶汶做事每月再收入個千把，兩個人每月三千多，又有食物配給，這日子不是可以過得很好嗎！誰想我這汶汶就是不會過日子，她要怎麼樣，就是怎麼樣，誰也阻止不了。好在金子有耐性，不然，憑她嫁另外誰？早該崩啦。

她喘喘噓噓地說著。我也無從插嘴。歇了一會兒她端起床頭櫃上的暖水杯，打開杯蓋呷了一口。繼續說，「在屏東住得好好的，你見過的，馮先生，那房子不是挺寬敞嗎，她說聲搬台北，就得搬台北。不出三天，她就把那房子半賣半送的給了別人。這事我也很同情她，馮先生，我不把您當外人的說，汶汶也不知走的什麼『莫庫運』，打她成人到現在，成天地招惹麻煩，我知道汶汶不是一個壞孩子，可是如今的世道壞了，男男女女總是什麼愛呀愛的，冠冕堂皇的掛在嘴上。說來我的年紀還不大，祇比民國大八歲。在我小時候，連表兄都要規避，那是這樣的男女不避嫌啊！（這話像按開電視機的電鈕似的，我和閔汶的幾次不避男女之嫌的交往場面，都一幕幕映現在心眼之前。所以我的臉有些發熱。）這都是外國人帶來的壞風習。我們從前稱外國鬼子叫番人，他們都沒有受過咱們中國的禮教，他們都不講道德，你看那電影上，一個個不管老的少的，都是當眾抱起來親嘴。更有些男男女女祇穿那麼一點點遮羞恥都遮不住的衣裳，混在一起游水，現在咱們中國也學得這樣了。我早就反對汶汶到洋機關去做事，跟那些沒有中國道德的番人在一起，當然就會惹來蜚短流長。我想搬到台北來也好，換換環境，誰想這房子花了這麼多錢，更不知道這幾年之間，汶汶竟花去了那麼多積蓄，結果，還要向我借首飾押當。唉！」她又嘆了一口氣，喘息了半天，搖了搖頭，淚水又從眼角上流下，非常悲痛地說：「那時候，我可沒有捨得給她，我說我的棺材本兒誰也不能動，可是如今——」她又咽下一口因悲傷而湧上口腔中的唾液。「我不能不給汶汶，家裏連伙食都開不出。今兒一早，她拿著我那副白金鑲的翡翠項圈去找主去了。在當年，那副項圈值數千銀洋，如今誰還要這些古董？不知道能找到主不能；就是有人要，也不會出得起大價錢。」又說：「外面的那位先生，可能也是汶汶把他找來談這個的。是那個姓莫的不是？到屏東去過好幾次。金子最厭惡這個人了。馮先生，你看我們家汶汶這樣下去怎麼得了呢？今後，她要敗的就祇有我手頭存著的這些首飾啦！我一說她，她就說，明年就可以回去了，妳怕什麼嗎。馮先生，你看我們明年可以反攻回去嗎？」我答說可以。她說那就好了，要不然連個楠木棺材也睡不上。她說聽說台灣的喪事都是火葬；她說她不願死後還要受到一次火刑，她說她生前沒有作過孽。我安慰她說，「妳的身體很好，氣喘病算不得大病。不用幾年我們就可以反攻大陸了。」之後，她又說了一些她們家庭的情形，她說她就生閔汶這麼一個女兒，汶汶雖還有幾個哥哥，都是另兩個母親生的。閔汶出生時，她父親已近六十歲了。

整個中午下班後的那段休息時間，都被閔老太太的這番話佔去了。我連午飯也沒吃，她以為我吃過午飯去的。那天告辭之後，我對閔汶又獲得了一些新的瞭解。

從這天起，我對閔汶又有一種新的認識，開始對她憐憫起來。我認為她的這種性格，今後如果無所改變的話，將給她造成一個必然性的悲劇結尾。許許多多新的推想，像秋雲出岫似的在心頭湧起，但都被閔汶寫給玉理的那封信給遮去了。雖說閔汶在電話上業已說明她寫給玉理的信，祇是表白她和我之間的純潔友誼，而我總認為那是多餘，無論她怎樣解釋，遠沒有不解釋好。我一向認為：為了解釋「誤會」而「解釋」，那「解釋」準是加深「誤會」的打井機，會越敲越深。同時，我瞭解玉理的性格，對任何事，她都以忍耐處之，她的忍耐完全出於基督教義，那是一種自我的壓抑，並不是她本質上就具有忍耐的天性，所以我非常不願意讓玉理看到閔汶的那封信。台灣的郵政辦得好，郵件送遞迅速，如果快捷，在晚上六點的那批郵件送遞中，就可以送到了。最遲明天上午可到。於是我想著應把閔汶那封信攔截下來，免得被玉理看到。雖說玉理從不拆開我的信，當她看到有信到來時，總要問一句「是那裏來的信？」我就會把信公開給她。如果是她的信，我就給她。她非常懷念她的母親，時常祈禱著能收到母親的信，儘管失去音信幾年了，她仍時刻這樣希冀著。所以她對於掛在籬笆門上的那隻簡陋的信箱，總不時的要去打開看看。有時，雖已明白的從玻璃上看到信箱中沒有信，她也要打開來用手去摸摸，看看有沒有懸在裏面的信——有時會有這樣的情形。特別是在這聖誕節的近邊，有不少聖誕卡等等寄給她。下午她在六點以前到家時，信箱中的信總是她收起來，把我的信放在我的桌子上，她的信經她看過後，也放在我的桌子上。我生怕閔汶的信再增加玉理的感情負荷；昨夜，她已哭過整夜了。

信當天沒到，第二天中午我回家後，就收到了閔汶的那封信。雖然信上的話寫得很簡單，卻也不是可以讓玉理讀的。像這句子：「我為馮聰欣幸，欣幸他娶了妳這麼一位又能幹又賢慧的好太太；我也為妳欣幸，嫁了一位會聊天懂溫存懂體貼的好丈夫；我的丈夫抵上妳的馮聰一半我也滿意了。」除了述說她和我祇是純潔的友情之外，還說「馮太太請妳放心，我決不會搶妳的丈夫。」這些話都會使玉理受到刺激。對許多世事，玉理雖然什麼話都不表示意見，那只是由於她會忍，並不是木然無知；相反的，她的心靈比任何人都敏感。這封信如果給玉理看到，準會使她再失眠終宵，甚至淚水再濕透了枕頭的。就在這第二天，閔汶又寄了一封信到我辦公室，信上非常悃然地說，「也好，咱們就一星期見一次面吧。你訂個日子，每星期那天來，什麼時間？免得你來我不在家，我在家你又不來。告訴你，我家老太太也歡迎你，大概你們前世有緣，連我家老太太都看上了你，這幾年來，我的朋友沒有不使她老人家厭惡的，祇有你。」同時又告訴我，新買來一本契柯夫的短篇小說集英文本，正在試著翻譯……。對於她要我訂定一個每週去看她一次的日期時間，我卻無從訂起，我怎能固定在某日某時一定去看她呢？我白天要上班，晚間有時需要加夜班，就是不加夜班，也無法向玉理交代——我如每周的某日吃過晚飯就去她家，一定會使玉理疑心和不安，向玉理說明我和閔汶約好每周的某日需去看她，這豈不更不像話，豈不像是情夫情婦的幽會嗎？我向閔汶說每周見面一次，不過是向閔汶表示今後的交往應把距離疏遠而已，想不到閔汶竟如此認真起來。這事在我接到閔汶的信的當時，一方面雖為難於不知如何確定一個每周去看她一次的日期而深感困惱，一方面也因了閔汶之對我的鍥而不捨的感情而深感快慰。最後，我終於決定了在每周一晚上七點鐘去看她一次，倘使這天有事不能去，當於第二晚補上，或另約日期。

但第一次赴約，她就不在家，閔老太太告訴我那隻項圈已經賣了，祇賣了六千台幣。並告訴我閔汶在進行工作，將去一家藥房作英文秘書。於是我想到了那位陳經理，可能閔汶又去找他了吧？心裏有點酸楚楚地。情緒也像亂麻似的紛亂起來，連閔老太太的話也不耐煩聽了。

閔老太太的氣喘已經減退，談鋒更健，使我無法脱身，總是談她們軍長當年的虎威，可是我聽了半個多小時，雖然哼哼哈哈地應著，可連一句也沒仔細聽進去，正巧門鈴響，又來了一個朋友，也是找閔汶的，一位四十歲上下的男士，看神氣不是生客，他一進客廳看到閔汶的母親，就甜蜜而溫情地說：「伯母，藥很靈光是吧！」説著就把手從大衣袋裏伸出來，拿出了一個紙盒，用右手大姆指與食指夾著，衝閔老太太那麼一晾幌，「我這又給你帶來一盒。」揉揉眼珠瞄了我一眼。

「太靈了，褚大夫。」閔老太太笑吟吟地説。遂馬上為我們介紹，於是我知道他是一個醫生。閔老太太説她的喘病就是吃了褚醫生開的藥才減輕下來的。連連誇説褚醫生的醫道好。那位褚醫生，邊在脱大衣，一邊在向房裏暸望，大概閔老太太看到了他的目光，或是他一來就知道他是找閔汶的，遂説：「我家汶汶不在家，有人找她去作英文秘書，約她去談話。沒吃飯就出去了。」

「閔小姐的鼻子好了吧？」

那位褚醫生脱下大衣，扔到沙發上，用手繫理一下領帶間。顯然地，那話是搪塞他的到此不是為了看閔汶來的，而是看病來的。説著便走過去蹲到閔老太太膝前，抓起閔老太太的手腕數脈膊。閔老太太則在答説她不知道閔汶鼻子有什麼毛病，説是她家汶汶就是在病上鑾得起，有點什麼傷風咳嗽，也擋不住她跑出去玩。等到那位褚醫生起來坐到沙發上，我就告辭了。剛走出大門不遠，我就遇見莫健漁，他一看到我就知道閔汶不在家，遂說：「閔小姐不在家是吧？」當我答說是。他就遲疑著非常感喟的說：「她約我七點在朝風等她，等到這時連影子也沒有，她這人就是這麼不守信約。」說著從衣袋中取出一個盒子，「她要我替她出手這件玉器，東西是夠珍貴的，賣便宜了，太可惜，貴了沒人要。」我好奇地接過那隻盒子，走到前面一隻電燈下映著路燈打開一看，見是一隻黃玉雕成的玉黍蜀，剖開一半米粒露在外面，它身上還帶著兩層葉衣，頭上還披著一攝棕色的絨絲。米粒是金黃色的，葉衣是淡黃色的，鑲在黑絨底的盒子上，約有五寸長。雖映著黯淡燈光，也能領略到它的美點來。

「要賣多少錢？」我問。

「沒說價錢，」他答。「這種東西不是金銀，從無市價。」

「能賣多少錢？」我又問。

「很難說。」他搖搖頭。

「有人問過價嗎？」

「我為她跑了意大利大使館和美國大使館，他們都不敢出價錢。所以我來打算退還閔小姐。」

「她老太太知道嗎？」

「不知道。」

「算不定她老太太不知道。」我說，前幾天我聽到閔老太太談起那件項鍊的事。「你今天最好別去。她家還有另一位姓褚的客人。」

他也和我一樣，是去看閔汶的，聽我說閔汶不在家，又聽說還有另一位客人，當然不會再去了，我們便一道從那條新修的石子路上走出來，喊了一輛三輪車，他住在中山北路，我們正好同道。聊起來，才知道他在意大利留過學，讀建築美術，當過工程師，也做過教授，現在和朋友經營一家進出口商行。為西德一家電器公司推銷各種實用電器商品。沒有結婚，後來聽閔汶說他離了兩次婚了。第一個太太是意大利人，第二個太太是廣東人，在香港離了婚之後才到台灣來的。他在追求閔汶，那是不必說的了。

自那天之後，我對閔汶的潛意識中的感情似日漸薄起來，那就是說，不時時掛記著她，想到閔汶也偏於她的性格上，不全是感情上了。而閔汶也淡漠起來，一直過了聖誕節，她都沒有電話來，也沒寫信來。在那些日子裏，我雖又去了一趟，都沒碰到閔汶在家，閔老太太帶著美利到屏東去了。說是母女倆吵了嘴。我想一定是為了賣首飾的事情。據下女說，閔汶每天中午起床，吃了飯之後就出去，有時半夜才回家，有時不出去，就有很多朋友來。

之後，我又去了一次。開門的小姐聽說是我，居然在門內院中說：「小姐不在家。」連門也不打算開。又問老太太呢？答說也不在家。她就站在門裡邊答話，沒有把門打開。再問老太太是不是看病去了？答說不是。竟說：「帶著美利回屏東去了。」這時她把門打開有半尺寬一條縫，側著半個身子露出半個頭來。從打開的門縫中，我可以看到客廳中的燈光，綠色的窗帘映著房內房外的燈光，望去有如月夜中的幽林。我想或許是那下女害怕，實則她是認識我的，論年齡她是阿巴桑了。往日我來，她一聽是我，就連忙把門打開，如果閔汶不在家，她就說小姐不在家。有一天是下午，閔汶陪她老太太看病去了，家裏也祇落她一個人——美利睡覺。她就說小姐陪太太去看病，你請進來坐坐。可是這天不同，她像防備著一個陌生人似的，她的語氣並無恐懼之感，事後想想，她那答話的語氣裏，似還隱藏著一些什麼，總而言之是拒絕來客進門。我想，倘使那天我要進去的話，她也會趕快把門關上拒絕我進去的。當時，我卻沒有想到這些，遂問閔老太太什麼日子走的？答說前幾天。又問她什麼日子回來？答說不知道。跟著附加了一句說是和小姐吵了嘴。問她為什麼吵嘴。她竟吞吞吐吐地不願再說下去了。而且還扭回頭向房內看了一眼。我又問她陸先生回來過嗎？她答說回來一次。就這樣我便離開那裏。但走出閔汶家不遠處的巷口上，就看到僅有一輛「自用」三輪車，先前來時，倒不曾注意，我曾準備叫他的車，那車伕還大聲大氣的答覆我說：「我們是自用車。」從我心底騰躍起的意念便是從這裏產生的。

這個意念又使我的心情煩亂起來。我認為閔汶在家，……。想到這裏好像受到侮辱似的憤惱，要馬上去找到閔汶理論。所以我沒有回家，在舒蘭街旁邊的空地上徘徊了一些時候，就又到長春路上喊了一個三輪要他去通化街。如果就在我搭上三輪的那時候遇到閔汶，我真會打她。不過，在到了安東街口的時候，我又後悔了。幾次想要三輪車停下，終於沒有那樣做。現在想來，我之所以沒有那樣做，有兩種心理因素，第一，我要去證實我的猜想是否對的？第二，也的確想見到閔汶；不但多天沒有見到她，也沒有聽到她的電話，也沒有讀到她的信了。當然，第二個心理因素的力量較大。我雖然在理智上對閔汶確是淡漠了，在感情上則還潛藏著一些說不出的相思。

我讓三輪車踩過到閔汶家去的那個巷口，我要在前面那條去閔汶家的小路邊下車，在經過那個巷口時，我看到那輛「自用」的三輪車還停在那裏，和先前不同之處，就是那車伕已支起車篷，看去好像車伕已裹起氈子蜷在裏面睡了。我下車後從那條通向市場的小路走進去，那些日子天晴，小路雖無雨後的泥濘，但那本是從田埂上踩出的小徑，已被人們在泥濘中的腳步踩出了一個個坑坑，邊牙豎著，走在上面使你高一腳低一腳的。繞過一處正在新建房舍的工程棚子，就到了閔汶家的房屋後牆。我從牆根走到前門，站到門口卻無勇氣去按門鈴。當那下女開門一見是我，問我又轉回來作什麼事呢？她會告訴我小姐還沒回來。我在門口遲疑著，踮起腳尖向院內看看，翠綠色窗帘內的燈光，還是那種月下幽林似的深邃。那時，我真像一個偵探似的在門外暗自窺探著。實則是我不好意思再去按門鈴。突然，那翠綠色的窗帘內的月下幽林變了，像蒙上了一層陽光，不再是深邃的月下幽林，而是夕陽下的秋林了。跟著我聽到門響，我再踮起足尖一看，客廳的門打開了。有人從房中出來，我沒有再看便像偵探躲避眼線似的避到牆角邊去。我剛停住腳，就聽到大門響，我看到大門開了。是閔汶穿著一件大衣走出來，在門口遲疑了一會兒，又轉身進去了。馬上，就有一位男士像出洞的老鼠那樣迅捷，生怕碰到貓似的溜了出來，手中拿著禮帽和手杖，他一溜出來，大門就砰然一聲關上了。他的腳步雖然迅捷，卻看得出他是一位上了年紀的人，因為他的腳步有著老人的龍鍾姿態。一走過牆角，就戴上帽子，搖起手杖，左手插在大衣袋裏，大搖大擺地向停駐地那輛自用三輪車的地方走去。從後影看，他是我從不曾見過的人物。

我沒有尾隨著那人走去，在心情上也沒有被激盪出妒意，相反的，我卻感到非常快慰，快慰於我終於證實了我的猜測。我仍從那條坎坷地小路走出去。喊了一部三輪車，逕直回家。在轉入信義路的時候，就見到那輛「自用」三輪車，在我面前慢慢的蠕動著，那黑色的車篷，一看就認識。當我坐的車趕上它，從它旁邊經過時，我曾扭過頭去向車內看了一眼，果然是那個人，頭戴禮帽，坐在包車內還蓋著毯子。其實天並不冷，他那種樣子除了顯示了他已衰老——當時我想他最少六十開外，更顯示了他是一位清末民初時代的人物。儘管他穿著現代人穿的最時髦的洋服，也掩飾不了他的暮氣與老態。在這以後見到這個人物時，益發證明我在黑影裏沒有看錯。

也許是閔汶歉疚於昨晚的事——下女沒讓我進門，第二天下午，就打了電話來，告訴我已於今天正式到海風航運公司上班，電話是二六六五，質問我為什麼不去看她？「你不是來信說星期一來看我嗎？怎麼不來。」我本想把幾次去看她她總不在家的事，在電話上發洩出來，又怕同事聽見會傳到處長耳朵裏去，所以打從心裏浮到舌邊就改變了話頭，祇是吱吱唔唔地說：「我近來很忙。」好在她也不是要我對她有所解釋，從語氣裏我也聽得出，她那一些質問我的話，目的祇是掩飾她昨晚的事，或者怕我已經知道。她聽我沒有說什麼，遂說：

「咱們真是好些日子沒見啦，您多會兒有空，咱們聚聚。明兒格成吧？明兒格晚上咱們吃頓涮鍋子，到正陽樓好不好？」那時，心裏雖然想著應說我沒有空，改天再聚吧，可是嘴裏竟答應下來。再第二天的上午，我跑到會客室撥了一個自動電話二六六五，準備取消這個約會，對方說是沒有這個人。下午再撥了一個電話，對方答說是聽說將添那麼一位女秘書，不過不一定到這裏來上班，聽說是我們董事長的英文秘書。為了想知道閔汶的這些新的謎語，下班後我去了正陽樓，閔汶已先我而到，就坐在進門處的一張方桌邊，跟一個胖子在聊天，我一進門就看到她。頭髮披撒著，穿一件深咖啡色駝絨翻毛的大衣，黑旗袍。腳上的鞋子似乎是新的，高跟，漆皮的，閃閃發光。臉上連口紅也沒塗，好像才起床，還不曾盥洗過呢。看到我來，馬上站起，伸出手來握著我的手，連連搖著說：「好久沒見，你好！你好！」我沒說什麼，祇是感到有一種非常非常恬適的氤氳在浸潤著我。跟閔汶在聊天的那個胖子則說：「樓上坐吧！」一邊說著一邊便頭前帶路，把我們領到一間特廳。剛坐下，閔汶就問我：「馮聰，這些日子你忙些什麼？」

「我覺得你比我還忙。」我說。

「可不，」她說。「一言以蔽之，還不是為了錢。」她說的「錢」，帶著北平人的捲舌音很重——TZEAR，這個字音之所以說得如之重濁，正說明這個字在閔汶心理上的重要。

「妳不是有工作了嗎？」

「我正要跟你談這個問題，」她說。

於是她說她到海風航運公司只上了兩小時的班，一看氣氛不對，就沒再去。我問她什麼氣氛不對？她說是海風航運公司的董事長是位太太，她的職務則是這位太太的先生安置的，太太不贊成他們公司裏有我這位女職員，所以先生通知我要我不要去上班，由他本人按月支付我薪水兩千，他如有什麼英文信件，著人送到我家裏來。她說到這裏搖搖頭——她說話時一直頭低著，「我想想不太合適。所以我拒絕了。」

「他為何要他太太做董事長呢？」我問。

我弄不清他為什麼把公司的董事長讓給太太做，而又自己去按插女職員？閔汶答說是一位怕太太的人，我猜想一定是前天晚上的那一位了。接著她向我說出遷到台北後的經濟情況，以及出賣首飾的事，曾把她如何認識那位姓烏的官員的經過告訴了我。

她說她認識那位姓烏的，是褚醫生介紹的。因為褚醫生替她向病人兜售項鍊的關係，認識了這個人。她說他一見了她，談她家的情形，就應允給她安插一個工作。想不到一開始就碰了壁。她問我是否繼續支領那個姓烏的給她的乾薪呢？我勸她最好不要。她說她也這樣想，不過已先支用了一個月的薪了。我勸她把生活的方式改變，把生活的程度降低，應抱著逃難的心情來過苦日子，不比在大陸共產黨沒來的時候，家裏有產業，坐著不動也有收入，多花幾個顯不著。現在可不同，縱然你把一座金山搬了來，坐著不動也能把山吃空。

「你說得倒對，」她沒等我說完就搶著說，「可是，到洋人機關做事也拿不到二千元；教書衹拿幾百元。還不夠繳納房捐和水電的呢。再說寫稿，那更是打玩意仗，寫十篇投出去，也登不出一篇，弄不巧給登出一篇來也不過使自己的精神陶醉陶醉，收到的稿費，連一頓痛快的牙祭也打不起來。最令人洩氣的是退稿。從前還夢想著做個作家，現在我知道我沒這份才能。從此再不打鴨子上架啦！」說到這裏她舉起杯來一飲而盡。從神情上看得出她心情的迷惘與沉重。

「那你打算做什麼呢？」我問。「如何處理自己的生活呢？」

「我想做一個完完全全自由的人，」她說。「我想做什麼就做什麼，誰也不要干涉。」

「世界上任何一個環境都不允許你這樣。」我說。

「最低限度我不受什麼『太太』，什麼『母親』這些名義的約束。」

我聽出了她說這些話的意思是一心一意地想離婚。遂問她：「你以為離了婚就完全自由了？」

「在我心理上是這樣，」她說。「我不再負擔別人的感情，也不願別人的感情負擔我。」

「縱然離了婚，美利還是妳的女兒，妳的母親還是妳的母親。」

「那是另外一回事，」她說。「我知道，對我的母親我有奉養的責任；對我的女兒，我有教養的責任。她們給予我的負債，並不影響我的自由。」

我突然想到了昨晚看到的事。

「事實上不然，」我說。「妳老太太的感情就負擔著妳；沒有母親不把感情放到子女身上的。」她又沒等我說完就搶著阻止我：「不談了不談了！我老太太的事，不用提。心理變態，不些日子我跟她吵了一次嘴。」又是舉杯一飲而盡。

「老太太當然心痛她那些首飾。」

「你以為我們吵嘴是為了首飾？」她拿眼瞪著我，「不是，為了那個姓褚的醫生，」可是她馬上又自己打斷自己的話，連連擺著頭說：「不提了不提了。」馬上轉回頭去招呼堂官，「有綠豆麵條嗎？」又扭過臉來問我：「馮聰，你要什麼？」我也要了一碗綠豆麵條。她告訴我說，已寫信給金子，明後天就陪她老太太回來了。跟著我也把辦公室的同事說的閒話及處長規勸我的話，以及那晚玉理暗中哭泣的話，老老實實告訴了她。閔汶一點也不感驚異，似乎早就知道那是應該會那樣發生的事一樣。遂說：「反正咱們是一清二白的朋友，在感情上雖不普通，在行為上卻是純潔的。以後，你有閒就來聊聊，沒閒就別來。」說到這裏她忽想到了一件沒有告訴我的事，遂把話頭一轉，說：「哎，馮聰，忘了告訴你，你不是說喜歡白鴿嗎！前些日子我買了一對，雪白的毛，紅紅地眼睛，真是可愛。怪不得洋人拿它當作『和平』的象徵。那樣子真的可以讓發怒的人看到之後，會平心靜氣起來。你多咱來看看，我媽說是一公一母，將來會生蛋孵小鴿子。嘿，將來要是孵一窩兒鴿子，那才更好玩呢？真的，你多咱來看。」霎那間，閔汶快樂起來了。

離開正陽樓時，她還一再說。「馮聰，你明天就來看好吧？」

和閔汶分手之後，我就開始後悔，我不該把處長的罵和玉理的哭，抖底兒告訴了閔汶。心理一直認為閔汶已經和我疏遠了，這樣，豈不是真的和閔汶疏遠了嗎？突然又感到痛苦起來。於是，我又搭車去了閔汶家。下女說閔小姐還沒有回來。若有所失的回到家，一看到玉理我才釋然。才認為和閔汶疏遠是對的。

7.

第二天一上班，我的處長就把我找去了。他一看到我就堆起滿臉的笑——他那胖臉一綻笑開來，圓得真像一朵盛開的葵花，說：「馮聰，送你去受幾天深造教育好吧？」這話對我聽來是突如其來，所以一時瞠目結舌，好在我那位胖處長沒有等待我回答，就接著說，「陳長齡手頭的一件新考績制度還沒完成草案，別人接過去又得從頭做起，所以我要陳長齡緩一期去，他的這個名額，我已請准由你抵補。你馬上把你手上未辦完的業務，在三天之內漏夜處理完。處理不完的交給王科員。從今天起，應分給你辦的公事，一律交給王科員。報到的日子是下星期三。三個月的時間很短，一幌就過去了。你沒什麼困難吧？」

處長的這段話，像鞭砲似的辟哩乒拉炸出來，雖然前後都帶著徵詢的語氣，但我明白那是他已經奉准了的命令，他用徵詢的方式下達給我，那是客氣，換言之那是顧及到我的尊嚴。同時，他們臨時改派了我，必然是由於我和閔汶交往的後果。處長怕我鬧出是非來，才這樣決定的。於是我答說沒有困難。在當時，我祗覺得我的臉發燙，兩個耳朵都像被火炙過一樣。

心頭迴旋著羞愧與感傷。對於處長在這時候改派我去受訓的決定，更深表感激。處長當然就看到了我，那時呈現在我神情上的赧然與怍然等等複雜的心情，遂說：「好吧！你快回去準備。」當我退出處長室，就連忙掏出手帕擦臉，豆大的汗珠已流到鬢角了。我走到走廊盡頭的窗口，把窗打開，迎著窗外吹進來的冷風把汗吹乾，更把神志完全鎮定了才走回辦公室。我裝作很興奮的樣子，大聲地說：「陳長齡，這一期的人事管理班，輪不到你了。」我用右手的食指點著我的鼻尖，「我。」陳長齡只抬頭望了一眼，說：「我知道。」馬上，心頭有一陣熱向上湧來，我的臉又燙起來了。

晚上一下班就告訴玉理，玉理似乎也不感驚異。她要我安心去讀書，不要關心家，她會照管的。實則，我在家反而會增加玉理的忙碌，除了孩子，他還得時時顧慮到我。老實說，我走了準會使她減輕些。特別是這半年多來，還得讓她偷彈傷心淚呢！

由於要在三天內把手頭未了的公事辦完，每晚都到辦公室去加班。其實，祇是一個不使玉理多心的理由，事實上用不著三晚都要辦到半夜的。我祇是要藉著這個理由去看閔汶就是了。現在想來，那真是一種無法解釋的心理，一方面責備著自己要疏遠閔汶——甚且當著閔汶的面說明彼此應該疏遠，可是心裏卻另有一個主宰，它不時地主宰著我想念閔汶，想見到閔汶，甚至於恥笑我是傻瓜，要我……。所以，當我要去遙遠的南部受訓三個月，而即將離開台北的這幾天，去看閔汶似乎是一個很正當的理由，於是晚上在辦公室把一件未完的案件整理了一下之後，才過八點就去了閔汶家。

大門的那扇小門半閃著。不用按捺門鈴我就進去了。客廳中的燈透亮，綠色的窗帘雖仍張遮著窗户，由於客廳中那盞二百支光的燈泡，在乳白燈罩中亮著，所以看去有如夕陽下的秋林。客廳的門沒關，從紗門上向裏望去，客廳中闃無一人。我用手敲敲玻璃窗，叫了一聲「閔汶」，跟著就聽見閔汶在房中問：「誰？」我答了一聲我，就拉開紗門進去了。

閔汶從房中出來，穿一襲黑緞子，靠左胸綉上一隻白孔雀的睡袍，一看就知是外來貨。腳上屣著黑底綴上珠花的拖鞋，新燙過的頭髮，兩片口唇上的唇膏，艷麗得頗似兩瓣浥露的玫瑰花。嘿，那風采在這時想來，渾身還會震顫。

「是你呀？」她說。臉上浮起調侃而嫵媚的笑，小嘴扳著，兩頰掀起兩個酒渦，在迴旋。「你怎麼進來的？」我答說門未關。她則說怪不得，沒聽門鈴響。

「我要離開台北。」我悽然地說。她稍感驚異地問我「為什麼？」我把情形告訴她，她則答說那不是很好嗎。她的神情，語氣，都有一種冷漠感。也沒有請我坐，好像不希望我坐下來。

「你買的兩隻鴿子呢？」我把話頭岔開。

「飛啦！」她說。「你那天走？」她又問我。我剛才已經說過啦，她竟沒有聽見。我想她的目的是不讓我多停留下去。

「下星期三，」我又說了一遍。

我的話音沒落，就聽見房內傳出一聲，好像是玻璃杯摔倒在桌子上或櫃子上的聲音。不由我把臉扭向她的房門。她也扭回頭去。突然向房內喊著說：「喂！出來，我介紹你認識一位朋友。」

我愣在那裏，在思疑著她那個朋友是誰？跟著閔汶又喊了他一聲，「出來嗎，是我一位熟朋友。」

閔汶的那個朋友出來了，我和他一打招面就認出他是那晚三輪車上的那位，雖然那晚我沒有看清楚他的臉，從身影的輪廓上，也認出是他。他在房門口一出現時，雖裝作一個莊嚴的君子風度，卻仍掩飾不了他臉上的羞赧，特別是從那一雙眼睛，儘管外面還有一副金絲眼鏡遮著，也遮不住從那眼神上顯示的畏縮，恰像一個囚犯被提出監獄時，突然遇見有人在打量他似的。頭頂已經禿禿地了，頭髮留在四周，益發地顯出他那禿頂像個火山口，正面看去，說他不過五十歲，也差可置信。個子不高，臉也不十分胖，豐富的營養把他的臉染得紅勃勃的，油光光地。質料好裁剪好的西服，顯出他經濟的富裕與好打扮的性格，襟衣領真是白得像雲一樣。果然，閔汶介紹他是烏先生。當他緩緩地把手伸出和我相握時。他的手雖不是一條死魚那樣冷僵，倒像握著一隻橡皮手套似的令人感到那隻手之缺乏人味。同時，還令人覺得他有一種自矜高貴的意味。那是一種在主管地位上養成的一種矯情。

他掏出一隻金色的煙盒，彈開盒蓋遞向我，閔汶代我答說不抽煙。我覺得我們兩個人都很僵，於是我告辭；那位姓烏的也說「我也走了。」閔汶則說你忙什麼，咱們的問題還沒有說完呢。我看到那位姓烏的臉頓時紅起來。閔汶也看到了，她非常自然地告訴他：「沒關係，馮聽是我的老朋友，你不用怕。」我看到那位姓烏的老人益發地不好意思起來。我們全沒有坐。

「再見。」我衝他們兩位說。說過我就轉身向門走，閔汶則在我背上用兩手像打鼓似的敲了幾下，說：「星期天我給你餞行。」我答說不要，告訴她有許多公務，下星期一以前都交待不完。她把我送出大門，給了我一個飛吻。聽到她關上大門之後，就責罵那個下女，「妳怎麼不把大門關起來。」我沒有再聽清那下女如何回答，我已大踏著步伐走去。我心裏想著昨晚閔汶在正陽樓給我說的話，想到那天晚上這位姓烏的從閔汶家出門的情景，以及今天的情景，我惘然了。認為我還不瞭解女人，尤其是不瞭解閔汶。這晚，我又再次的警告自己，你要認真的和閔汶疏遠。可是，第二天，我就又想著找理由到閔汶家去，終被理智阻止住了。

行前，寫了一封信向閔汶辭行。告訴她我兩周回一次台北。可是那次去，直到農曆年才回來。校中功課排得很緊，除了假期，沒有休息的時間，寫了一封信給閔汶，也沒得到她的回信，空間與時間的因素，終於把我對閔汶的那種不能自己的感情給沖淡了。

年初二，我到閔汶家去作禮貌性的拜年，家裏擺了兩桌，一桌麻將一桌撲克。賭桌上的朋友，沒有一個是我認識的。閔老太太躺在床上，更憔悴了。她告訴我說，已查出她有心臟病，左心門擴大，「你聽！」她指著外面賭桌上的嘈雜，「我的汶汶在酢，她非得活活把我氣死才罷。」我說這是新年，她樂幾天也就過了。閔老太太搖搖頭，又說：「不光是這個，她在酢死。」說著豆大的淚珠從眼角上流下來。閔汶正從麻將桌上傳出歡叫，她和了一副滿貫。

那天到閔汶家，給我帶回的愉快，衹有他家那份傳統的新年氣氛。高高的長條几上，鋪起大紅的氈毯，供著祖先的神龕，牆上還掛著一列列先人的畫像，供果一盤盤把那長長的條几擺得滿滿的，條几前擺有一隻方桌，圍著紅底綉花的桌圍，桌上擺一隻「福」字花紋的檀香爐，白色的煙雲正裊裊地從那「福」字的花紋鏤孔中岫吐出來。兩旁還有兩隻普通的香爐，插燃著同樣的薑色束香。那兩隻香爐的前面，還有兩隻銀質燭台，各插著一隻繪上金色飛龍的紅臘燭，吐著檸檬色的火舌。有點點絲絲的燭淚滴下來，在金色的龍鱗上掛著。方桌前還有兩隻備人跪拜的前高後低的椅墊。看到這些，觸起了我濃重的鄉愁；但，我是愉快的。因為，我見到了兒時的新年。

春節後三日，我返回學校報到。春節過後，人們在歡快中渙散去的情緒，還沒有收復。所以星期例假學校裏走得空空的。於是我也去了屏東。自到南部入學之後，曾去過屏東一次，明知閔汶已不住在那裏——房子已經賣了，而我還是漫步到那裏，忍不住要扭過頭去向那小巷望了又望。這天，我興奮地到那條路上再來回走過兩趟。為了再望了望那小巷。似乎不到那裏走過一次，就好像有一件重要的事忘了去作一樣。同時，我還徜徉到公園，那賣冰的女郎也不在了。那裏的棚子並沒有拆去，現在改賣紅豆湯和花生湯以及牛乳蛋糕之類。是位阿巴桑，不再是那個查姆了。公園中滿地落葉，雖有陽光從鱗雲的隙縫中射出，也掩蓋不住那蕭煞之氣。梁芸也不在家，看了一場日本片「曉之脱走」，看了不到半場就沉沉睡去，在散場的喧嘩聲中才醒來。於是又惘惘地返回那小鎮。寢室裏闃無一人，我步向海邊，看漁人在海上作業，看到他們一網網拉起那掛滿了尖刀似的魚網——那掛在網上的白魚真的像磨利了的尖刀一樣，令人滿足之至。遂想到去屏東玩，還不如到海邊看漁人打魚快樂呢！

下一個禮拜天，本不想再去屏東的，可是這天上午，海上沒有作業的漁人，雖有一些釣客坐在海邊看守著釣竿，他們一邊閒聊，一邊注視著漂在海水上浮標的動靜，而我從八時看到十時多，也沒見到有誰釣上一條。手上帶去的一本「葛萊齊拉」也看不進。這樣的枯坐真是無聊極了。最大的因素，還是想著要到屏東梁芸家去。人就是這樣，必須讓那理想變成殘酷的現實之後，才會退而求其次。在那附近，祇有屏東是個大鎮市。儘管他們說潮州有茶店還有茶女，我對她們卻沒有興趣。所以，我連午飯也沒有等——我知道假日的午飯比平常早一小時，十一點就開飯，而我在十點半就去趕車。

在車站前面一家北方館吃了一頓水餃，遊了一轉到梁芸家，她才吃過午飯。我和梁芸已經好久不見了，她一見了我就問：「陳小珍好吧？」好像問候我太太似的。我沒有回答，我無法回答。遂告訴她，我兩星期前曾到她家來過一次。「噢，是你呀！」她說，「我一直想不起是誰？我們家的下女描寫了你半天，也沒能使我想出是你來。她說是一位三四十歲的人，怎會想到是你？」說著她拿眼瞪了瞪我，「噢，馮聰，你是憔悴多啦！」望著梁芸那雙箭頭似的眼睛，我的臉在開始發燒。大概梁芸看到我呈現到臉上的難堪神情，遂馬上改口說，「你太太好吧？聽說又能幹又賢慧，我還沒見過呢？下次去台北一定去看看你太太去。」

「盼望妳到我家去玩，」我說。「還有不到兩個月我就結業了。」

「聽説閔汶又要和金子鬧離婚了。」

「我不清楚。」我説。「近來很少見。」

「她現在作什麼?」

「我也不清楚。」我裝作一切不知的回答。

「我看他們遲早非拆不可。」梁芸説。「如果她嫁的不是金子，跟任何別人，老早就拆了。」

「我也這樣想。」我説。

「你知道她為什麼遷台北嗎?」她問我。

「不完全清楚。」我説。

於是梁芸把閔汶不得不遷台北的原因告訴了我。

據梁芸説閔汶之搬移台北，是由於她無法再在屏東住下去了。問題就出在美國那個軍曹身上。陳小珍去工作了不到一個月就聽到了流言，梁芸説。金子的同學曾把流言告訴金子；金子不相信，還為他太太解釋説，她就是那麼不拘小節，隨隨便便，不會有別的。可是金子的這兩位朋友偏愛管閒事，雖然沒有工夫日跟夜訪，也終於被他們抓到了證據。有一天晚上，他們當場在那位軍曹租住的寓所裏，一捉成雙。還拍了一張他們在交頭吻頸相擁在一起的照片。也真是太不顧忌了，既不關燈，也不關窗，一定是他們以為那是獨門獨院沒人敢進去，但這兩位朋友買通了房東，要來一把門匙，悄悄地進去，輕而易舉的就拍到了那張照片。他並沒交給金子，竟把照片交給了他們的主任。他們的主任也沒有告訴金子，就拿著那張照片去找那位軍曹的上司，提出兩個條件，第一個條件就是馬上解僱閔汶，第二個條件是把那軍曹調離台灣。那位美軍中校完全接受，第二天就把閔汶解僱了。為什麼突然解僱，不要説閔汶不知底細，連金子也不知道。可能閔汶自己心裏明白，她得到解僱通知的當日——説是閔汶那天上班，一到辦公室就接到一張解僱的通知，連同截止工作時間的薪俸一併交給她，要她即日起停止工作。她去質問那位美國顧問組長，問問她究竟犯了什麼錯被解僱？那位顧問組長就老老實實的告訴她，不是他們的主張，是中國方面的資料。於是閔汶回家跟金子大鬧，非要跟金子離婚不可，當天閔汶就出走了。想不到沒幾天，金子把她尋回來之後，就説是在台北買了房子，全家要遷居台北了。第三天就聽説他們把屏東的房子也賣了，「簡直是送人家，」梁芸加重語氣説。「那麼一幢三十幾蓆的房子，還有那麼大一個後院才六千元。」金子的同事跟同學全不知道，據説連金子都不知道，她老太太也不知道，全是閔汶一個人的主張，把房子賣給了隔壁一位福州籍的鄰居，因為那位鄰居太太總是順著閔汶説話。房契是閔汶的名字，等她老太太跟金子知道，她早已把錢收下，把房契都交到人家手上了。把她老太太氣得犯喘，喘得上氣不接下氣。金子一向不在太太面前説句重話，於是説搬就搬，人家就是這樣搬走的。

聽梁芸一口氣把閔汶遷居台北的原因説完，我祇用鼻子噓出一口長氣，沒有表示任何意見，實則也無任何意見表示，更生怕再談下去又牽涉到我與閔汶的交往，以及我的派來受訓等事件上去。祇不痛不癢的回答了一句，「這人太任性。」

「何止太任性，」梁芸又說。「簡直有神經。」

「我還不太瞭解閔汶，」我說。「總覺得她的情緒不穩定。」

「聽說到台北之後，生活面更廣了。」梁芸拿眼瞪著我，我知道再往下談，非牽涉到我不可。遂說：「我到廁所去一下。」我想梁芸一定從神情上看出了我是在規避談閔汶的問題。從廁所出來，我就看著腕上的錶說，「我回去了，三點多了。」

「幹麼那麼急著要走，」梁芸說，「吃了晚飯再走嗎。阿李打橋牌去了，會回來吃晚飯的。」

我委實不願意再坐下去了。再坐下去，梁芸繼續談的必還是閔汶不可。光是從梁芸的談話中，也可以知道閔汶遷離屏東之後，給他們的相知留下的談論必然很多，人類就是一種最愛談論別人家的隱私為樂的動物，似乎每個人都表示知道得多知道得清楚來炫耀才能。人就是這麼一種愛在背地裏相互嘲笑相互詆毀的所謂萬物之靈。那怕是好朋友，也免不了有這種心理，韓愈早在千年前就感慨系之的在「原毀」中說到這些了。

此後的兩次休假，我都沒有再去屏東，也沒有再回台北，我已學會了耐心的在海邊釣魚，雖半無所獲，卻有莫大的希望寄託在那浮標上。有一次我釣上來一隻泥鰍，在心情上也歡快了多日。正準備那天周末下午返回台北時，梁芸從屏東打來電話，要我晚上到她家去，說是有急事。電話是由值星官室接到轉告我的。

當晚我到了梁芸家，我一進門，她第一句話就說：「閔汶的老太太死了。」我不禁怔愣了一霎，遂問：「什麼時候的事？」她答說是昨天上午，硬是被閔汶活活氣死的。一邊走向客廳，就一邊向我述說經過：我到台北去玩，當然得去看看她家的新房子，也得看看閔汶，老朋友嗎。好久不見，大家親熱的很，她留我在她家住，金子星期一才回去。你知道她家的房子，那麼大一棟房子，祇住了四個女人——梁芸指的是閔汶母女三代，還有另一個下女，環境又那麼幽靜，於是我就答應住在她家。第一天晚上我們在一起吃飯看電影，回去後我們聊了過半晚；我喜歡陳小珍的地方就在這裏。她談話非常爽朗，她一聊起來就會聊到她的哲學上去。第二天晚上她回來得很遲，我一覺醒來的時候，看看錶已經過兩點了，看到閔汶沒睡，她伏在案上寫什麼？我問她不打算睡啦。她答說在譯契柯夫，「好啊！」她說。「妳讀過她的這篇『打賭』沒有？」她說著竟放下筆，把書拿過來，斜躺到我身上來，指著書上的字句，用她流暢的流派的發音唸給我聽。似乎她特別欣賞那些什麼：「我輕視一切，輕視世上所有的幸福和智慧。一切都是虛空，一切都是無常，一切都是飄渺地幻像的影子。你們有錢人雖然高傲，自以為聰明，自以為美滿，到了，死神終究還是要把你們帶走，你們的子子孫孫也終有一天隨同這世界一同毀滅。什麼，你們把流言當作真理，把醜惡當作美妙。你們想拿天空換取人世。……」唸完就縱聲大笑。把她老太太也吵醒了，披著衣裳走到我們這間房來，問我們怎麼回事。一點也看不出她老太太有病，據說喘病也好了。她進來時，閔汶正在問我「妳說那個人到那裏去了？」我回答閔老太太說，汶汶在笑書上的那個有錢人。她還說我當你們在吵嘴呢。臨走時還說：「你們睡吧，天不早啦！」那晚我們談到窗玻璃發白才睡。所以第二天我醒得很遲。還是被一位客人在客廳中跟閔老太太談話把我吵醒的。醒來時，我聽到閔老太太說：「我家汶汶還在睡著，」那時閔汶睡得正甜，我想就是在客廳中敲鑼打鼓也吵不醒她！「有什麼事嗎？」我聽得見客人說：「我有事情想跟閔小姐談談。」我聽出是位女人的聲音。看看錶已經十點過了。我起身從床上走下來，梳了梳頭，披上一件大衣走出來，看到客廳中坐著一位看去約莫四十歲的婦人，一張瘦瘦峭峭地臉，雖然坐在沙發上，卻也能看出她是屬於那類小巧玲瓏型的女人。從她那一雙明媚的大眼睛望去，可以想像到她是曾經美麗過的，祇是現在瘦了，老了，特別是從她的眼圈上看去，可以想知她的瘦癯不是營養不良，而是操心過度，眼圈青而下陷，眉睫上掛滿了倦意；也許是昨晚沒睡好。打扮入時，典麗脫俗，黑底紅花綉上寸寬古銅緞的旗袍，黑色麂皮的高跟鞋，深褐色的絲襪，黑綠的長大衣，從光澤上看去，就知道那是上等質料的舶來品。她一見我出來，就想從沙發上站起來，一雙明媚的大眼更大了。閔老太太馬上說，這是梁小姐，我們家的客人。她這才沒有站起來。我和她點了點頭，她眼睛都沒有眨地向我上下打量，好像以為我就是閔汶似的。我走出客廳門時，就聽到她在問：「閔小姐什麼時候可以起來？」閔伯母說：「不知您有什麼事？可以給我說嗎？」那位太太回答的什麼，我沒有聽見，等我再走回客廳時，我看到那位太太站在客廳中向閔伯母說話，我聽到她正在說，我們都是有體面的人家，這事如果再發展下去，丟人決不止我們雙方面。我進來也沒能阻止她說下去。

我看到閔伯母坐在一張藤椅上，用一隻手掌托著顋，低著頭一聲沒響。我走到房裏的時候，看到閔汶已經醒了，把枕頭墊到床檔上，雙手反捧著後腦枕在上面，沉起臉色在偷看，見我進來，便把被子一掀，穿著睡衣走下床來，屜起拖鞋就向外走，我不知說什麼好。我望著她，心裏直害怕，以為他們會打架。閔汶一走到客廳，就說：「妳是烏太太吧！」對方的話停止了。我聽到閔汶沒等對方回答，就繼續說，「請妳不要向我母親說那麼些，這是我個人的事，一切由我負責，請妳坐下來，有話咱們兩個談。」

繼著我就聽到那位太太說，「好吧，既然閔小姐不否認，那就很好說。我也沒有別的話多說，這裏有一張兩萬元的支票，算是我的公司付給閔小姐十個月的薪水作為資遣費，這樣我付得有名，妳得的也有名。從今以後，不准妳跟我先生再有來往。我祇有這麼幾句話。我不願把事情鬧開來，弄得大家都不好看。」我聽不出那位太太是那一省的口音，國語雖不大純粹，言詞可相當犀利。我躲在房中沒好意思伸頭去看，我怕她們會打起來。可一直沒有聽到閔汶母女講話。稍停一刻就聽到那位太太說：「好吧，閔小姐既然沒有意見，我們就這樣辦，支票我放在這裏，妳也是女人，請原諒我這樣做。再見！」這時我才聽到閔汶說，「妳剛才說的那些完全出於誤會。自從那天我去上班不到兩小時之後，接到妳的電話，我就沒有再到妳們公司去。你們先生是到過我這裏來過兩次，他是來向我解釋妳拒絕我去上班的事。想不到會給妳造成這樣大的誤會。………」閔汶祇說到這裏，那位太太就搶過去說，「好了，閔小姐，不必解釋了，我知道人要尊嚴虎要威嚴，妳要知道我今天到您這兒來是萬不得已，我要是沒弄清楚，我決不敢到您這兒來。難道還要我拿出證據來嗎！閔小姐，您不必多說啦，說僵了你無法送我出門。那時候，妳也難堪，我也難堪。聽説閔小姐是哲學家，一定懂得這些哲理。讓我這時候告辭不好嗎！再見。」跟著我聽到門響和腳步聲，這時我才走到房門口，看到閔汶正彎身到茶几撿起那張支票，拿到手上看了一眼説，「嗬！不少，兩萬。」説著提起一條腿來打了一個旋子，嘴裏在説著，「這就是偉大的人生。」一扭頭看到我，馬上停下來衝我笑迷迷地説，「梁芸，妳全聽見了吧！妳在什麼地方能聽到這麼一堂真真實實地的人生哲學！哈哈，」她又像昨晚似的縱聲大笑起來，「她怕我搶走她的丈夫，哈……那麼一個沒有用的糟老頭子，她還當寶貝，居然花兩萬的代價買回去，哈……」我看到閔汶有點瘋癲似的，心頭頓時痛苦起來，忍不住一陣心酸，遂用打著顫的聲音喊她「閔汶！」可是她坐到沙發上，竟大笑不止。下女帶著美利從外面走進房來，美利看她媽那樣狂笑，嚇得哭起來。這時，我才看到坐在藤椅上的閔伯母，仍舊左手掌托著左臉，右手按在胸口上，一動不動，一聲不響，閔汶的狂笑，美利的大哭，她全沒反應，我突然覺得不對，馬上大喊，「閔伯母！閔伯母！」閔汶聽到我的喊聲有異，才刹然停止狂笑，我們幾乎是同時走到閔伯母跟前，推她也不動，喊她也不應，摸摸手腕，脈膊都沒有了。於是我跑到房中，伏在床上放聲大哭起來，我有生以來，都沒有哭得那樣傷心過。那時向我説話的梁芸，還含著滿滿兩眶的淚呢。説：「我不完全是看到閔伯母的死才那樣傷心的哭，其中當然還夾有我聽到那個女人衝閔汶説的那些刀子樣的話，又看到閔汶的那種狂笑等原因。」看到我哭了一會兒，閔汶沒有哭，也沒有笑，她癡癡地轉身坐到沙發上發怔。下女抱起還在抽泣中的美利站在閔汶身邊，也淚濕了滿臉，在說，「小姐，去請醫生吧！去請醫生吧！」閔汶一聲不響，兩眼瞪著天花板，身上撒了一些細片，我才發現那張支票，已被她撕成紙片了。「閔汶，阿巴桑說得是，快去請醫生吧！」我一連說了兩遍，她才扭過臉來，說，「我去找那位褚醫生來，我媽的病都是他看的。」說著站起身來，穿著睡衣就向外走。我和阿巴桑把閔伯母從籐椅上挾到房內她床上，簡直是從地上拖了去的。我和阿巴桑拖著閔伯母的時候，手和腿都發抖，我知道閔伯母已經是個死人，不再是個活人了。我們剛把閔伯母拖到床上，閔汶就回來了。她一進門就說，「算了，不用去請醫生了，讓我媽死了算啦。反正我們都有那麼一天。你們兩個作個證明，證明我媽是給我活活氣死的。事實是如此嗎！」她把兩手一張。「還有什麼說的呢？這倒乾淨，今後我在感情上又減去了一樣負擔。」說著走進房去，顧自去梳頭穿衣服去了。

我跟阿巴桑在客廳中愣著，不知道該怎麼辦。美利還在阿巴桑懷中抽搐著，兩隻小眼睛盯著我，似乎知道發生了不平凡的事。我和阿巴桑都滿臉的淚。阿巴桑嘴裏還在說著要去找醫生啦。我跑進房去，閔汶正在穿衣服，我說，「閔汶，你一定得找個醫生來。」阿巴桑也走進房來說，「小姐，要找大夫啦！」閔汶一聲不響的穿衣服。半晌才回答了一句，「我去自首。」外面門鈴響，阿巴桑去開門，阿巴桑進了客廳就叫，「小姐，莫先生來啦！」好像得到一個救星似的興奮。閔汶已穿好衣服從房內出來，一見了那位先生，語氣裏也深感興奮地說，「嘿，你來得好極啦，我媽媽給我活活氣死啦，你看怎麼辦？」那位莫先生望著我們一時也不知怎麼辦，阿巴桑又在說，「要請大夫啦！」這時，那位莫先生才說，「怎麼樣！

老太太在那裏？」我用手向房間裏指指，莫先生走進房去。閔汶走過去推開客廳的紗門就往門外走去。我走到門口問她到那裏去？她答說到派出所去自首。頭也沒有回的就打開大門出去了。那位莫先生已從閔老太太房間出來，看到我們就說：「老太太已經完全停止呼吸。怎麼死的？」我不知怎樣回答。我怎能把剛才那位太太來的事情說給那位莫先生聽呢？遂答說不知道是什麼病。「我去找那位姓褚的醫生」，那位莫先生說著便走出門去。我坐在沙發上愣了一會子，不知怎樣好。忽然想到我應該打電話通知金子，於是我進房換衣服，連臉也沒洗，衹把頭髮攏了攏就告訴阿巴桑說我去打電話通知先生，就離開閔汶家，到電信局掛了一個長途電話，沒有等對方去找金子說話，我就請接話的人告訴金子，說閔汶的母親死了，要他馬上到台北家。打完電話我沒有再回到閔汶家去，我不敢再回去，到張丹甯家打了一轉，就改搭一點半的平等號回來了。我怕連累到我的名字上報，還好，今天的日報上沒有。閔汶一聲都沒有哭，一滴眼淚都沒有掉；還說她母親死了使她在感情上減少了一樣負擔。當時我真難過死了。她怎會那麼心硬呢？我真不解？不過，我也後悔我不該在他們那種情況下趕回家。說實在的，我真是嚇壞了。

梁芸一口氣把閔汶的母親的死亡經過說完。我以沉重的心情聆聽著，沒插半句嘴。甚至連她結尾的問句我都沒有回答。我不知怎樣回答，對於閔汶的性格，我無法置評，實則，我們對任何人的批評——縱然是在蓋棺論定的時候，也祇能限於你某一個時候所涉及的某一點，就是父母妻子也無法彼此完全瞭解，因為人最擅於在他們當前的境遇演變中掩遮自己，就像豺狼之能隨著草色變化牠們的毛色一樣。在十餘年後的今日，我憶述閔汶的這些事情，也祇能把我看到的以及我所聽到的一些事件，忠忠實實地寫出來，卻不敢附加批評。何況那時候我心裏還激盪著複雜的感情呢！所以我祇說，「人在那種情況下，感情會反常的。」

「我耽心閔汶會發瘋，」梁芸說。

我沉默著，梁芸剛才說的那些事，在我頭腦裏，像陀螺似的在打旋，旋得我有些發暈。

「我希望你到台北去看看。」她又說。「我後悔我沒再回到閔汶那裏陪陪她，就急著趕回來。憑良心說，她說她媽死了使她感情減輕了一樣負擔，我很生氣。」

「我本來要回去的。」我說著站起來。我看看錶。「也許我能趕上飛台北的班機。」我知道我一定趕得上那班飛機。縱然不到梁芸家耽誤了這些時間，我也是搭這班飛機走。但從梁芸家出來後，我就改變主意，不回去了。那時，我有梁芸趕著要搭一點半的車回屏東的那種同樣的逃避心理。老實說，我到台北對閔汶又有什麼幫助呢！

現在，我已失去那份感情來分析我那天從梁芸家走出後的複雜心情，我早在前面說過，我不想矯情的要把這本書處理成一部心理分析小說，我祇是記述我認識的閔汶這個人。所以我還是把這些地方統通略去吧。

那天從梁芸家出來，我就回學校了。學校裏雖還有些沒有回家的同學，不是坐在教室中準備結業考試，就是到海邊釣魚去了。所以寢室裏連一個人也沒有。兩層的雙人床四人一組的排列著，白色的被單雪白似的鋪在床上，特別是那折疊得方方正正有角有稜的被子，真是板平方正得像一塊塊方糖一樣。草綠色的毛毯也折疊得方方正正有角有稜，但比被子小一倍，放在方糖樣被子的正中心，看去那方方的被子上疊上的綠色的毛毯，有如一方方羊脂白玉的玉印，再鑲上一個翡翠的鈕兒似的。它們一方方在床上整齊的排列著，那種整潔的樣式，我們沒有形容詞來形容它們。本來我想狠狠睡上一覺的，望到寢室中的那種整齊的樣式，反而不敢去破壞它們了。那種整潔——特別是在那闃無一人的靜謐氣氛，給我的感覺充滿神聖意味，生怕一旦拉散了我的那份內務，就等於褻瀆了神聖似的。同時，那種過分寧靜氣氛，也令我感到窒息。想到平常一回到寢室的那種咭咭喳喳的喧囂情形，一旦看到這種闃寂，恰像進入散場後的劇院，馬上就呼吸了滿腔的空漠，頓時就後悔我之不該放棄回去。這次不回去，就要等到結業了。突然想趕夜車回去，於是我離開寢室，大步奔上車站。

太陽已平西。那祇有一個候車亭一間售票處的火車站，座落在已經耕耘好了的田畦間，有些已經插滿了韮菜似的秧苗，有些正在耕耘，有些正在插秧。我還沒走進車站，就又放棄了趕回台北的意思。我想到要明晨才能到台北，明晚又得搭夜車趕回來。於是我步入田畦，在農人的叱牛聲中消磨了一個下午。直到紅霞滿天才回到學校來。如今想來，心頭還略感幾分煩，在人生中，沒有比徬徨的心情再使人痛苦的了。人在傷心時，還可用哭來發洩；人在失戀時，還可以向人大膽傾吐，獨有像我那時心頭懷有的那種複雜及矛盾的感情，在那種情況下，是最無法向人解釋的。好在那晚有幾位沒有返家的同學，約我同去漁港，隨漁船到港灣去參觀漁人海上的作業，快樂地消耗了一個周末，歸來已過十二時。每人帶回大蝦數斤，疲倦得一覺睡到第二天十點才起，要不然那個周末我真會被心情上的許多個無以名之的惡魔撕成碎片。

人的情緒有如汪洋大海，在風暴過去波平浪靜了之後，如無新的風暴刺激它，就會恢復正常的現象。所以在那個星期天，我的情緒就平靜下來，雖然梁芸説及閔汶的那些事，還在我心中迴旋著，卻已不是那麼洶湧地激盪著我了。起床後第一件想到的事是寫信給玉理，告訴她我要等到結業後才回去。也想到寫封信慰問閔汶，卻不知説什麼好，更不知她現在如何？再説，我到了這個小鎮之後，閔汶連一封信也沒有來過，年初二在她家見及的那種紛亂與複雜，曾使我想到閔汶之愛廣結男友，正恰像一個玩童之看見了玩具就要買下來一樣，一旦拿到手上，不出半天的時間就生厭，又想買第二樣了。那天，那多的男人在她家呼盧喝雉的玩鬧，我看到閔汶的每一根眉毛梢上都滿掛著難以狀名的歡情。我在那裏停留了不大會工夫，就聽到閔汶説，「小李，再去借付牌去，你跟小張他們再擺一桌。」一會兒又説：「老馬，去買包駱駝或者別的美國煙來抽好吧。」……。於是他們一個個像領到玉旨似的小神，分頭去辦。閔汶真像一個坐在一堆玩具窩中的玩童，撥撥這樣又弄弄那樣的玩樂著。實際上，並不是她有意的要玩弄男人，而是她的性格希冀著她的生活在一時一刻之中都是新的。當然，我在她生活中也就等於一件膩看了的玩具。閔汶之所以要吵著和丈夫離婚，自更是基於這種心理。儘管她的那位丈夫之鍾愛她，有著超乎常人的表現，可是她的丈夫在她心理上，好比父母打小時，就給她繫在脖子上的長命鎖（在我們家鄉的風俗，必須到滿十二歲才准取下來。）雖然早就厭了，可是自己還沒有能力取它下來。因而成天向父母吵著要取下它，取下它。……

雖說，我對閔汶有著這樣的想法，對於自己之在閔汶心理上，也有這樣的感慨，而我在感情上，總是斬不斷對閔汶的愛情，不管時間多麼無情，它都無法根絕我在感情上對閔汶的這份愛憐。如今，我之想到來寫這本書，自也是基於這份感情。

那麼，這份感情是應給人咀咒的呢？還是值得讚美的？均非我所顧忌的了。不過，在那天聽到梁芸向我訴說了那段故事之後，我確實懷有一種逃避的心理，恐懸著會牽連進去。說來，這種心理多麼卑下啊！那天，我的情緒被激盪得那麼不安，自完全基於這種卑下的心理了。

我所恐懸的事件並沒有發生。在此後第三天的中央日報上，我見到了陸君仁和閔汶聯名刊出的訃聞。訃聞上說明閔母李夫人死於心臟病突發，我寫了一封弔唁的信給閔汶。星期日休假，幾乎三分之二以上的人都在準備結業考試，而我卻在吃完早飯後就去了屏東，我急於想在梁芸那裏獲知一些有關閔汶的事。可是一進門我就看到閔汶的女兒美利在院子裏跟梁芸的兒子吉滿在玩。「美利！」我喊了她一聲，她扭頭看看我，沒答理我又扭回頭去用石子壘城去了。梁芸已推開紗門招呼我，她站在門檻上說：「我們正唸著你呢。你看到閔汶沒有？」我答說沒有回去。還沒走進門，梁芸就小聲說，「警察來問過我，我把那天發生的經過全告訴了他們。這些日子我不安的很！」她先生走過來和我握手。梁芸還在說著「我真是後悔，會跑到她家去住。」

「妳自找麻煩，」她先生責怪著她說。「妳又不是不知道她。」

「美利怎麼在這裏？」我問。

「金子昨天帶來的。」梁芸說。「她們又在鬧離婚。金子昨天把美利帶回來，今天又趕回台北去了。說是把閔汶母親留在他這裏的首飾全部送給閔汶去。」

「世上沒有這樣好的男人，」梁芸的先生說。「對太太百依百順，太太還動不動就說不要他。」

「據說入殮的時候，閔汶哭得暈厥了幾次，」梁芸說。「沒能護靈送到火葬場，就送進醫院了。我以為他真的那麼心硬呢。你多會回去？」她問我。

「再下個星期二，」我答說。

「那你回去之後到台大醫院去看看她。」她說。「我耽心她會發瘋。金子昨天回來說，閔汶還住在醫院裏。別的話又不好問。聽別的同事說，閔汶在醫院裏還向金子吵著要離婚。說是一看到金子就吵著要離婚，要金子還她的自由。」

「金子從來也就沒有約束過她。」梁芸先生說。「她也從來沒有自以為是陸金子的太太。她還有什麼不能任其自由的自由在陸金子手上？」

「無論怎樣，在名義上她總是人家的太太，」梁芸說。「離了婚，她就沒有這一分顧忌了。」

「不離婚她也沒有顧忌過。」梁芸的先生似乎說的氣憤起來。

「你怎麼知道她沒有顧忌過？」梁芸衝撞過去。

「如有顧忌，也不會左一次右一次的鬧出那多流言來。」

「沒有結婚的女人照樣有流言。」

「結婚的女人就不應當再有流言。」

「流言歸流言，那你也不能說在她心理上或精神上就沒有顧忌過丈夫。我認為閔汶動不動就要和金子離婚，就是她在心理上與精神上顧忌到丈夫的證明。她在行為上的不檢點，使人覺得她沒有把丈夫放在心上，實際上，她精神上還是有著丈夫的桎梏的。為什麼每當流言發生之後，就吵著要和金子離婚？歸根結蒂的說，還不是不願連累了丈夫的名譽嗎？」

「既然怕連累丈夫的名譽，就不該去亂交男朋友。」

梁芸的先生已經非常激動，說這句話時連脖子都漲紅了。我想，如果不是我在那裏，可能他們夫妻會因此吵起來；但也正因為有我在，梁芸的先生才說那種話才那麼激動的吧？至今回想起來，仍認為有關我的原因很大。說來，我終究是閔汶的男友之一，同時，我也是梁芸的男友，他那樣激動，雖不是理智上的驅使，也是潛意識上的奔洩。當時我真是愧疚得抬不起頭來，說什麼也掩飾不了我臉上的不安神情，額上流出的汗珠就不得不掏出手帕來去擦拭。梁芸當然看到了，遂搶白他先生說：「你這人怎麼這樣講話！」她先生也覺得當著我是不應該說這些話的。遂裂嘴一笑，說：「我不過是這麼說說。」他站起來走向盥洗室去洗了。

「人有的時候會控制不了自己。」我仍想辯護地說。那話本是為閔汶作解釋的，卻又在此意中為自己作了解釋。說過之後，方始覺得那話有著不打自招的意味。因而使自己越發地尷尬起來。不得不再用手帕擦了擦額頭。真是萬分的後悔跑到這裏來了。而我剛坐下，卻又不便馬上告辭。這種尷尬的神情，在這時想來，還有餘波在心海上盪漾。好在梁芸馬上就把話頭岔了開去，「我以為閔汶真的有那麼硬的心腸呢，」她說。「媽死了祇不過給她在感情上減少了一樣負擔。聽起來多怕人。出殯的時候，居然哭得死去活來。看起來，人總是人，生離死別，誰能不傷心。」

「也許她當時不知道她媽已經死了。」我訥訥地說。

「也許。」她說。

「以我看，這個女人根本就是百分之百的十三點，」梁芸的先生從盥洗室出來，插入那麼一句。「你不十三點？」梁芸反唇搶白她先生。「你要是說誰好，說得比天上的天使還要好，要是說誰壞，說得比地獄中的魔鬼還要壞。」

「怎麼，我批評錯了！」李先生不服氣。「說這個女人是十三點，又不是我一個人。大家都那麼說。」

「我們想瞭解一個人，比想瞭解天上的一顆星還要難。」我說。「我覺得我們每一個人，都無法使別人瞭解，甚至我們自己也不瞭解自己。我們批評一個人，祇是限於我們所看到的某一點。我們看到的那某一點，無論是好是壞，在某一立足點上說是對的，也許放在另一立足點上說，就是錯的。如照人類傳統社會的觀點看，批評閔汶的性格是十三點，還算是客氣呢。」

我說這話當然是為了緩和我自己的情緒，並緩和梁芸先生的情緒。想不到梁芸的先生馬上沖口而出的說：「對了，如不客氣，稱她是妓女胚子也不過分。」

「你怎麼開口就傷人！」梁芸憤憤地說。

「這話也不是沒人說過！」

「從好的一方面說，」我說「閔汶並不虛偽，她——」

我還沒說完，李先生就搶過去說，「也不見得。照片都被人照了去啦，她還不承認哩！」

湊巧兩個孩子在院子裏哭吵起來，李先生忙著跑出去，梁芸馬上向我說，「馮聰，你別介意，阿李就是那麼一個直腸子。」我說我很喜歡他的爽直。而我卻正好在這個機會裏告辭了。

從梁芸家出來，我好像是從戰場上突圍出來一樣，雖慶幸衝出包圍線，總還帶著滿臉的狼狽相。我一逕走到車站，正趕上一班開向枋寮的車，我要急於回到我的住處，像從戰場上敗下來的戰士，急於要到達一個安全的休息處所一樣。在車上，坐在我對面的是四位穿上滿身白衣的修女，三個中國人，一個外國人。她們的帽子支著翅似的尖角，看去像一隻隻要展翅飛翔的白鴿。她們身上的那襲纖塵不染的白，頓時使我的紛亂情緒與狼狽神情沉靜下去。

她們已把她們一己的一切都獻給了天主，她們已向天主發過願，她們要抱獨身主義——她們發願要拋棄世俗的一切，把她們的血肉之軀，以及她們的精神與靈魂，全部都獻給了天主。可是，她們是否連一星點世俗之念都沒有呢？無論生理上的或心理上的？那四位修女有三位都是年輕的，看去似乎都沒有滿三十歲，祗有那個外國人是年老的，總有五十開外。她們四個人都對我看了不止一次；也許是對坐在我這一排的其他乘客或所有乘客打量。當然，人們彼此互看，那是上帝賦予人的本能，上帝給了人兩隻眼睛就是要去看的。其中有兩位不時的向我看，不是正視，而是抬抬眼皮，游動游動眸子。她們看到了我臉上顯示著什麼異樣的神情嗎？還是透視到我內心中的罪惡了呢？還是其他有關本能上的什麼？……我可沒有往這裏多想，我只是覺得其中的一位生得很漂亮，如果讓她穿起一般現代女人的裝束，不用打扮，她的美必也是誘人的。什麼動機使她去做修女呢？那位年老的外國人一定發過終身大願了。從她面貌的輪廓上看，年輕時必也是個美人。如果有機會，我想問問她們去做修女是不是佛家所說的是「看破紅塵」。誰也不會把自己的秘密隨便告訴一個陌生人的，甚至妻子丈夫，也不會把隱藏在心底的秘密絲毫不瞞的互相傾訴，除非他們已互相知道。想來，每個人都會揣著一腔不曾向人透露過的秘密，隨著靈魂以俱逝。宗教家說，人死後到上帝面前接受最後審判時，一切的秘密都無法隱藏。她們的秘密必然早經報告了上帝——天主，用不著再告訴別人了。修女也是女人的職業之一，人有選擇職業的自由。據說他們不願再繼續作修女時，縱然發過終身願，也准許她們還俗；連升到六品的神父，也有出會還俗的自由。那個修女又對我看了一眼，我看到她的眼神中有羞與怒的神情，還夾雜著幾分女性本能地嬌嗔。我猜想她心裏一定在罵我，「這個人怎麼那麼討厭。」實則，車上的乘客大多不時的衝她們看，因為她們的穿著，就不是我們這個俗人世界中的人，這應是大家對她們不時注目的原因吧。到了潮州，她們就下車了。我看到她們走下車去，看到她們從月台步向出口，微風吹拂起她們的寬而長的白袍，戴在頭上的橫向兩方的白帽，真是有如一隻映著天邊白雲翱翔的白鴿。於是，我想起在台北每天工作時，坐在二樓窗口眺望到的那幢農家小樓，從那閣樓上飛出的星色鴿群。我想著我還有不到十天的時間，就會重回到那窗前了。望著車窗外的早春景物與艷麗的陽光，我突然有了想唱的恬適心情，這是數月來從來沒有過的事。

8.

我揣著一腔和春光同樣明媚的心情返回台北。不過兩個月沒回家，看起來孩子們都長大了。玉理說我胖了些；也許。雖說我心裏曾不時地想著要去看看閔汶——猜想她一定不住在醫院裏了，而我卻沒有去。老實說，在心理上還有著生怕沾惹上麻煩的心情。可是第二天吃晚飯的時候，閔汶的先生突然到來，從神情上看去，顯得很疲憊，眼睛下陷在眼眶裏鼓著，像是幾夜都沒有睡，眼白上布滿了血絲，比我去年夏天見到的他，可說是判若兩人。他一來，玉理就顯得不安，連忙說，「噢，我忘了告訴馮聰，他昨夜才回來。」我才知道在我還沒有回來時，他已經來過一次了。

他說他已吃過晚飯。讓他坐下之後，就就聽到他深深地嘆聲長氣，那聲長嘆充滿了哀怨與委屈。我們繼續吃飯，在吃飯時，玉理頻頻地游動雙眸覷我，她似乎在恐懼著會發生一件什麼意外的事。我當然也滿腹的狐疑不安，等我匆匆把飯吃完就過去陪他，我還沒有坐下，他就訥訥地說：「又吵著要離婚了。」語氣裏洋溢著感嘆與莫可如何的意味。

「也許像上次一樣，」我說。「說說就算了。」

「不，」他說，「我已經答應她。」

「讓馮聰再去勸勸她，」玉理說。

「沒有用，」他說。「就是這次勸服了，下次還會鬧的，」他說著又嘆了一口長氣，「好像她可以做世界上的女王，都是我的阻礙，才害她受窮受罪。」

「我再去勸勸她。」我說。

「有什麼用呢？」他說。「就說上次吧，」他突然停住，似乎不想說下去，望了望我終於又說下去了，「我不說，也許你還不知道。那次我們不是請你們吃飯嗎，我們所以到得那麼遲，就因為我喊不醒她。那天，她天亮才回來。」

我不解地望著他，我記得那天他們夫婦倆，像一雙蛺蝶似的在我們正吃晚飯時到來，請我們明天中午十二時到衡陽路綠洲吃飯。第二天我們在綠洲等到十二點四十分他倆才來，閔汶的那襲紅旗袍，一身的油班，這事一直在我心裏揣疑著，這天，才聽到陸君仁說了她們那天遲到的原因。原來他們那天從我們家離去後，就到北投去了。因為閔汶說她還需要回北投旅社去取東西，並把房間退掉。「我說我們仍舊住在北投好了，何必再退。」她則說「我不喜歡那裏，你不來我也要搬到台北來。」我們在綠洲吃飯的時候，她看到對面「大萬旅社」的招牌，就說「大萬」兩個字很有意思，吃了飯就到「大萬」去開了一間房，然後再到你們這裏。她讚賞綠洲的鱔糊及蟹黃蒸蛋，所以在吃飯的時候，她就提議明天中午請你們來這裏吃一頓。她凡事都是想到什麼就是什麼。起先，她不要我陪她到北投去，我送她到車站之後，她又要我陪她去。到了北投車站，她要我在車站等她，不要我跟她去。可是我在車站一直等她等到最後一班火車開，我才離開北投。我又不知道她究竟住的是那家旅社？也無處去問，也不便離開，衹有在那裏苦等。我並不是一定非等她不可，我衹是要證明一些什麼。我走時還在車站中的旅客留言黑板上，寫著我是坐最末一班火車走的。第二天，我已起床嗽口，大概快八點了吧——她才回來。從神情上也看得出，她一夜都沒有睡，嘴裏還有酒氣，白外套變成了灰的，一回來就和衣向床上一倒，拉起被子蓋上半截身子，腳上的鞋子也沒有脱，兩條腿還搭拉到床緣上，就那樣她倒到床上之後，就呼呼地沉沉入睡。到了十二點，我喊了三遍才把她喊起來。起來之後，聽我說起中午請你們吃飯的事，連臉也沒洗，就趕到了綠洲。此後她向我解釋說是回到車站沒有看到我，以為我等不及先回去了，回到台北又遇見了朋友拉到圓山飯店去跳舞，隨後大家鬧酒把她灌醉了。她說謊都是像騙小孩子似的。說來這是家醜，不該外揚。但是我心裏一直為那天中午，累你們在綠洲久等感到抱歉。所以我特地向你們解釋這件事。

「我們沒有介意那些。」玉理說。

「我知道她那天晚上回到旅館，就遇到了那個美國人，」他說。「那天早上我一下車，還沒走到出口，就看到她在出口處趴在柵欄上向月台上看，她沒有看到我，等我走近柵欄口，開口喊她她才發現我。當時她一怔。我知道她不是接我。她怔了一下才說『我的靈感告訴我，你今天一定會搭這班車來找我。』在國都開了一間房休息，她就吵著要還台北，要我陪她去看房子，馬上就叫茶房去買三份報紙，整整大半天，包了一輛三輪車陪她到處看房子。說是搬到台北來，一定會好好的過日子，深居簡出，決不再那麼貪玩了。我雖然明知道她改不了，也願意作最後一次犧牲，向朋友借了兩根大條，才設法把她看中的通化街的房子買下來。到台北不過這麼幾個月，她就鬧出了這麼多故事。我覺得我對她已仁至義盡，自問沒有對不起她的地方。她常說她和我生活在一起，就如同在戲台上唱齣戲一樣，縱有感情也是戲劇性的。」說到這裏，他又嘆口長氣，「我已答應了她的要求，已無條件答應了她的離婚要求。」他加重了這一句的語氣。「我這次來，是把她母親存在我那裏的珠寶首飾全部給她送來，雖說她母親生前怕她把那些珠寶全遭踏了，才帶來交給我的，可是她母親已經死了，東西是她們閔家的，所以我全部送還給她。我今晚回去，把美利的問題料理好了，我就等她的信回來辦理離婚手續。」

「也許閔小姐是因為母親死了受點刺激，」玉理說，「過兩天，等她情緒過了，也就忘了。不必認真。明天我同馮聰去勸勸她。」

「唉——」他又嘆了那麼沉重而沉長的一聲。「不必了。」他說著站起身來，說：「我問心無愧，決沒有對不起她的地方。」他說他搭乘九點半的夜車回去，還要到朋友家去，幫他帶點東西回去，他走後，玉理就說，「我看陸先生沒有想離婚的意思，明天我們去勸勸閔小姐。」我認為玉理的看法很對，遂答說「我們明天晚上去。」可是第二天到了辦公廳，就得到調差的消息，我的胖處長調新竹區一個二級單位的主管，要把我帶去給他做機要秘書，據說這件人事案子已批准，命令馬上就要發佈了。所以我一到辦公廳，許多同事一方面恭賀我深造歸來，一方面恭賀我將是「要人」，而我心頭卻頓時起上了一陣迷茫茫地濃霧。我的座位上，已由一位新調來的同志佔去，聽說是我回來了，連忙收整桌案上的文件，準備馬上把我的座位讓給我。原來，抵我工作的人都已經安排好了。這種意想不到的消息，頓時使我怔愕起來，雖說那位新同事已馬上就把我的座位讓了出來——他坐到我們那一長排雙面擺的桌子頭上去，而我卻突然覺得那被我坐了近三年的座位已不屬於我了。更突然覺得所有的同事對我的態度，都像對待一位客人似的——像對待一位嫁出去的女兒回到娘家之後，見到了往日的親鄰所改變的那種態度。也許陳長齡看到我聽到調差的消息，頗有幾分不自然，遂用他的四川話說：「老馮！調到下級單位去好，機要秘書一放就是組長副組長。」當然，也有其他幾位同事說是處長提拔老部下，而我卻似乎最感留戀的是那窗口。我悯然地跑到我那座位，嗐！窗外簡直是大不同了。不僅窗前的那些空地儼然變成一座小小公園似的，地上的芳草茵茵，枝上的綠葉扶疏，早開的杜鵑，姹紅嫣紫，還有一些我叫不出名的鵝黃粉白色的花兒滿枝，水池裝上了噴泉，水花噴出丈餘高。那塊像石像盲眼樣睜著的一塊廢墟下的平地，已蓋上了一座大禮堂，已接近完工的階段了。當我向那農家的小樓望去，卻已失去了它的所在，不但小樓沒有了，連那農莊也失去了蹤跡。那裏，正有一個龐大的工程在進行著，看去似乎是在建造一個什麼新莊，一幢幢都搭上了屋頂蓋的木架。我想，那農莊一定被拆去建蓋什麼機關的新村吧。不僅那裏，就是那窗外凡我視覺所及之處，也不似往日那麼空曠、望去一片青青，而今則是新屋幢幢了。「這世界變多了。」我自言自語的在說。心裏卻在問：那樓上的白鴿是隨著那農莊的主人移走了呢？還是怎麼樣了呢？突然聽到處長的聲音，我急忙把望向窗外的臉扭過來。我那胖處長正拿著一件黃色的卷宗在交給王科員，指示他說：「馬上送去。」他看到了我，就說：「馮聰你回來了。」我答說前晚才回來。他就招招手要我去他那裏。他向我說明了帶我隨他去新竹的事。還非常客氣的說，「我們究竟同事得久，彼此都瞭解，所以一再考慮，覺得帶你去比較合適。沒有事先徵求你的同意就簽定了，我想你一定樂意和我同事下去。」於是他要我回去休息兩天，再回到辦公廳就要辦理正式離差手續了。就在那天上午，我離開辦公室之後，就顧自去了閔汶家。

通化街也不是兩個月前的樣子了，閔汶家附近的空地，已打上木樁和地基的地方，到處都是，出路也修寬了。我到閔汶家門口，發現圍牆和大門都是重新粉刷過的，房子也重新油漆過了，從門外看去也有煥然一新之感。我在門外遲疑了一霎才按門鈴。應門的是一位年輕貌美的下女，不是那個阿巴桑了。我說我找閔小姐，她答說小姐不在家。她把大門上的那扇小門大大打開來的。我看到莫健漁從房內出來，穿一襲褪色的藍布大褂，手上拿著一隻釘鎚，像是在釘什麼。當我們彼此發現時，他就招呼我，「嗳！密司特馮！」

我一進門就看到院子裏有一輛嶄新的自用三輪車，似乎是才買來的。莫健漁看到我，就說：「好久不見，密司脱馮，」他攤攤兩手，「我兩手的灰，不能跟你握手。」他說我來得正好。可以幫忙他替閔小姐布置布置房間。果然，房間的陳設變了，完全不是過去的樣子。客廳後面隔開的那間臥房打通了，所以一眼望去，顯得相當寬敞，原有的磨石地改鋪了地板，新的油漆血烏烏地，還沒磨出光來。牆壁粉成蘋果綠色。在兩旁壁上裝著六盞藍色喇叭花式的壁燈，還有兩盞日光燈嵌在天花板裏面。兩套沙發及椅子和凳子都是新添置的。幾幅裝上鏡框的字畫——有溥心畬的字，齊白石的多子圖，徐悲鴻的鵝，還有一幅王夢雲的八哥。另外還有一幅閔汶的油畫像，似乎還有幾幅時人的字畫，現在記不清了。

「密斯脱馮，你來斟酌一下，看看這些字畫怎樣掛法？」莫健漁說。那時，我一邊在看畫，心裏一邊在想，看莫健漁那副喜氣洋洋地樣子，好像他是在佈置新房似的，難道閔汱離婚後，是和莫健漁結婚嗎？所以直到莫健漁又問了一句，「喂，馮先生，你看，把這幅石榴（多子圖）掛在這裏好不好？」他指著客廳後牆中央的那塊地位。那幾幅名畫，上面都有題款，寫著「彥博先生法家正」或「彥博吾兄清玩」（這幅是王夢雲的八哥）等，獨有齊白石那幅沒有題上款。我猜想那位「彥博先生」一定是閔汶的父親了。如照畫上題款的交情看，似應把王夢雲的那幅八哥掛在莫健漁說的那裏，不應輪到齊白石的石榴。可是我想到，莫健漁之想到要把那幅多子圖掛在上方，自是別有用心的了。於是我慢慢應著說好。實際上，那幅畫他已放在那靠牆的沙發上，梯子還靠在牆上，我看到釘子業已釘好在那裏了。

正在我們掛那幅畫的時候，閔汶回來了。像我那次到車站接他是同樣的打扮——銀灰色加別丁長褲，白襯衫，黑毛衣，所不同的是她髮上多了三朵白色的蘭花。仍像往日一樣的興致勃勃。一看到我，臉上就浮起驚異地神情，她進門時，好像有句什麼話要向莫健漁說，看到我卻把那句話縮回到舌後去了。那神情顯示出的是她意想不到我會來，更好像突然看到一位多年不見的熟朋友，張口結舌地喊不出姓名似的那樣望著我，不過衹是那麼一霎那，馬上就說：「好啊！我家出了那麼大的事，你都不來。我當你永遠不會到這兒來了呢！今兒格是那陣子旋風把你給旋來的？」

「我不是在南部受訓嗎？」我剛說出這麼一句，她就搶過話頭說：「別解釋。坐下來。」她說著坐在靠門右邊的一張長沙發上，我坐在靠門左邊的一張單人沙發上。還沒坐下來，她就問我：「我媽死了，你知道吧？」

「知道。」我說，「我在報上看到訃聞。不是寄了一封信給妳嗎？」

「沒見著，」她說。「你寄到那兒的？」

我答說就寄在這裏，她還是說沒見到我的信。莫健漁站在小梯子上叮叮地在往牆上釘釘子，那幅多子圖已掛在牆上了。談到這裏，閔汶突然站起來，說：「喂，老莫，你怎麼把齊白石那幅石榴掛在這地方？」一邊向裏邊走，「取下來，我要掛我那張畫像。」閔汶以命令的口吻催促他。我本想建議掛王夢雲那幅八哥的，但並沒把我的意思說出來。我想著要告辭了。等老莫從梯子上爬下，閔汶回過身來的時候，我就說：「我走了。」

「幹嗎，來了就要走？」她說。「我有好多話還沒跟你談呢？」

「我調差了，」我感喟地說。「調新竹，下星期就要離開台北。」

閔汶聽了，似乎也頗有所感似的，愣愣地向我盯著。那時，我心上有一種無以名狀的感情盪漾起來。莫健漁聽到了我的話，遂在梯子上說：「一定是升官了。閔汶，咱給密斯特馮餞餞行吧。」於是閔汶說：「對了，你今天晚上帶你太太來吃晚飯，老莫會做意大利菜。來嚐嚐他做的空心粉。」

我正要推說還有許多事要料理，而且家還住在台北，每星期六晚上都回來，以後見面的機會還多。還沒說出口，騎在梯子上的莫健漁就扭過頭來提醒閔汶。「你今晚沒時間，小姐！」他說，「妳忘了，昨晚不是我們董事長宣布今晚由他作東嗎？」

「對啦！我倒差點兒忘了。」閔汶說著伸手向我背上一推，那是她慣有的送客態度，說：「那麼這樣吧？明天晚上如何？」

「謝謝妳！」我說。在我說這話的同時，騎在梯子上的莫健漁又說了話了，「明兒格去遊獅頭山，趕不回來，我的小姐。」閔汶已經兩隻手搭在我的背上，把我向門外推，嘴裏說著，「好，咱們索性改天再聚吧。」

「不必客氣。」我說。

那時，所有內心中酵起的酸楚，都被閔汶放在我背上的兩隻手壓住了；像醬缸蓋子上緊壓著兩塊石頭似的。我還沒推開紗門，又聽到莫健漁在喊：「汶汶，……」說的是什麼，我都沒有聽見。閔汶把我推出紗門，就沒有走出來，似乎是站在房門口在說，「再見啊」！我祇揚了揚手，沒有回頭。現在想來，那時的我，恰像一個失足掉進了污水坑，已爬出來之後泥污了半截身子，希望馬上找個僻靜無人的角落，把弄髒了的衣服馬上換去的那種心情。所以那天從閔汶家走出，我的腳步近乎是小跑著，從另一條新踩出的小徑上，穿過一個正在新建未成的屋基邊，走向信義路的第四路車站。就從這天開始，一直到那年之後的第三年的冬天，我才再見到閔汶，那時，她已是電影明星了。

在這兩年多之間，由於我調到新竹之後，跟著玉理也被安插到新竹一所國民學校任教，所以在我調到新竹一月之後就全家遷到了新竹。祇偶爾陪同我的處長出差，才到台北一次，總是來去匆匆。雖有時想到要去看看閔汶，終於沒有時間。而且也深深感到在內心中，業已失去那份感情的熱潮。雖說這兩年多都沒有見面，這兩年多的變化，我卻知道一些。一方面來自新聞紙，一方面來自梁芸的信。在我離開台北後不到一個月，陸君仁就在離婚書上簽字。他對閔汶沒有任何意見。通化街的房子，過在她們的女兒美利名下，美利的監護權交由父親，閔汶只保留一個母親名義，一旦美利大了不認她作母親，她說她也不計較。房子在她還在台北時歸她居住，除一切有關房屋的修葺及捐稅支付，統由閔汶負責，並按月付給美利租金一千元。跟莫健漁同居了不到半年，因為她參加話劇「十美圖」的演出，又愛上了同台一位青年演員，後來由於這位青年演員的提攜，她在一部叫「滿園春色」的電影中，擔任第二女主角。此後又再參加一個什麼話劇演出，在未演出前，曾被影劇記者捧過一陣，給她加上了一個「學士名星」的榮銜，但在演出後，劇評家論到閔汶的時候，祇是輕描淡寫的略略幾句便把她帶過了。我曾看過她在「滿園春色」中的演出，不僅看去她不像那個劇中人，甚且看去也遠沒有她本人漂亮，總覺得她在那劇中的一言一行，都令人有格格不入之感，不但不像個劇中人，連我所認識的她那個本人也不是了。有如一個低微的畫家為她畫出的畫像，除了樣子還有幾分像她，似乎她本人身上的那些誘人的特徵，連一絲一毫也不存在。後來我曾悟出一個道理來，因為閔汶是個真實的人，演戲需要做假——需要把自己的內在外在性格改變，閔汶就是不會改變她自己。從那次看過了她的「滿園春色」之後，我就猜想她不可能在銀幕上成功。就說那次她隨同軍友社主辦的春節勞軍團到達新竹，她表演了一首英文歌曼波，及一段平劇「春秋配」南梆子，也不出色。就是她那種風采，也似乎不是影星或歌星一流的人物。如果把她放在一個什麼大的宴會中，和一些富貴的夫人們周旋在一起，準會令人覺得她的富貴風度是出眾的，但在那批影星歌星的陣列裏，她的那份雍容華貴的器度，反而顯得呆滯起來。再加上又很想像別的影歌星一樣，表演得風趣些——笑的甜，動得活潑些，可是，她越是這樣想討好，越是討不到好，反把她本有的那份高貴氣質，也破壞了。也許是我的成見，總覺得她沒有不修篇幅的樣子可愛。

可能她已感受到她並沒有別的影歌星之受台下歡迎。第二天上午，她本應隨同勞軍團去台中的，而她卻一大早顧自尋到我家來。

那天是星期天，由於我們一家人頭天晚看了勞軍團，所以第二天起得較遲。才吃完早飯，閔汶就翩然到來。由一位接待勞軍的同事陪著找來的。

「嘿！我終於又見到了你們。」她一看到我們就這樣喊著說。今天的打扮比較隨便多了，雖然身上還穿著昨晚那件貼著閃閃發亮的旗袍，但被外面裹著的深咖啡色海勃絨大衣遮去，耳垂上的兩隻大耳環也取下來了，臉上也沒有像昨晚那樣的濃脂厚粉，祇有兩唇擦得像玫瑰花瓣似的。腳上雖然穿著高跟鞋，但連絲襪也沒穿。於是我又認識了三年未變的閔汶，特別是那一聲「嘿！」

「昨兒晚上你們去看了沒有？」她問。

我們說「去了」。玉理說她表演得很精彩。

「得啦，」她把手一揮，阻止我們再多加恭維之詞。「損透啦！我以為你們沒去哪！」

「我們專意去看你的啊。」玉理說著拉過玫玫，低頭向玫玫說，「是吧？玫玫，媽還問你記不記得閔阿姨呢？」玫玫瞪著大眼望著閔汶說：「我認識閔阿姨，閔阿姨一出來我就認識。」

「嘿！」她伸出雙臂把六歲的玫玫抱起來，嘴裏一邊說，「你真乖！」馬上把臉扭向玉理說：「玉理，把她送給我吧，比我的美利（她叫美利總是用英文Mary發音）可愛。我的美利去年就不認我作媽了。也好，一乾二淨。在感情上連這點負擔都沒有，該多好。」

她放下玫玫，就從大衣口袋中掏出一個約莫四吋見方的紫木盒子，說：「玫玫，這個給你。」她說著用手去扭動彈簧，於是，那盒子便奏出有節奏有旋律的一段音樂出來。可惜這件小玩意早被珏珏摔壞了，不然我會把它的音譜抄在這裏的。現在這小玩意早經送給收「舊乾」的了。那天，等她走後，玉理就說我們不該讓玫玫收下那樣東西，因為玉理猜想那是她買給她的美利的。聽說勞軍團還要去屏東，不過閔汶那天從我們家離去，便逕直回台北去了。她只到了兩個地方——桃園和新竹，便沒有了興趣。可是由於她覺得她不受台下的觀眾歡迎吧？從這次之後，又過了一年多，在陸君仁的婚禮上，我再見到了閔汶。那是盛夏的季節，我隨同部隊到高雄參與一項三軍聯合性的軍事演習。適巧遇上陸君仁在高雄海軍服務社與一位現任小學教師的本省籍小姐舉行婚禮，因而我也成了他那天婚禮上的賓客之一。婚禮是六點舉行，但到了六點半才開始。在六點鐘才過不久，觀禮的男女賓客都已坐在那一排排觀禮的座位上了，司儀跟一些辦事的人，正在禮壇上整理擴大器，以及一切為婚禮應先行妥為準備好的事項。我也坐在觀禮者的座位上，正在和一位調到南部好久的老同事話舊，忽然發現坐在觀禮者座位上的男女來賓，一個個跟著把身軀扭轉過去，有些人還站起身來，還隱約地聽到他們嘴裏說著看明星什麼的。我們也自然好奇地跟著大家把身子扭轉過去了。回頭一看，正看到閔汶在鋪有簽名綢布的桌案前，跟熟人們在一一握手。從打扮上看，就知道她是預先準備好來參加這場婚禮的。她穿的是橘紅色的洋服，胸口雖不太低，也不太高，因為可以讓人們看到她那露在衣領外面的乳房部份。長及肘部的白手套，肩上披著一條也是白色的披肩，從背上分披到她兩條耦似的雙臂上。銀色的高跟鞋，有砂礫似的星光閃耀。臉上薄施脂粉，不像那次在勞軍晚會上，她把自己的臉擦得失去本來的面目，使認識她的人覺得她不是閔汶。我看到她也頗感驚異，難道金子發了她一份喜柬嗎？不認識她的人，嘴裏説著「是電影明星」，認識她的人，也像我一樣的驚異！我聽到有人在説，「是她！」於是人們交頭接耳起來。接待人已把她引向觀眾座位上了。看去司儀本就要開始的，被閔汶這一來，又耽擱了幾分鐘。接待的人把她領到最前排坐下，我看到她臉上毫無尷尬或什麼靦腆的神情。

婚禮開始，她隨同其他觀禮的賓客一樣，滿面喜氣的歡笑著鼓掌。當新娘緩緩踩著紅氈步入禮台前面時她幾乎是把坐椅調動了一個方向，全面轉向後方，一直鼓掌——一次又一次的鼓掌，把新娘歡送到新郎身旁。我從沒有在婚禮上聽到那樣熱烈的掌聲。那些掌聲，自是大部份鼓向閔汶的。

在婚禮進行的時候，閔汶頻頻後顧，我想她是在找尋美利吧。看到觀禮座中的熟人，她還不時的揚手和人們打招呼。我坐在另一邊的中間，祇能看到她，她看不到我。我看到凡是被她招呼的人，反應都很冷淡。也許有梁芸她就不孤單了吧？後來才聽説梁芸之沒有來，是因為她快要添第三個孩子了。儘管那天凡是認識她的熟人，對她先是感到驚奇，漸而轉變成冷漠，但是在司儀喊來賓致詞這一項的時候，居然有人捉弄地喊：「請電影明星閔汶小姐致詞！」祇這麼一句，掌聲便像點燃了一掛爆竹似的轟響起來，還夾雜著輕佻地口哨聲。閔汶並沒有等人們再次催促她，馬上微笑而起，昂昂然步上禮台，站在禮台上的證婚人等等，看到閔汶步向台去，一個個都向後退了一步，把前面的空間讓大來，閔汶看到他們向後退，還一邊走著一邊向他們微笑著點頭表示謝意。掌聲已經停了。全場鴉鵲無聲地在等待閔汶的致詞。她大大方方地站到禮案後面，新郎新娘的頭幾乎是四十五度的低著。那時，連我的心都在噗噗地跳。那時的閔汶，令你看去真的像一個熟練的演員在面對卡麥拉表演她應演的角色似的自然。現在，我還能憶起閔汶的那段簡短致詞：

新郎新娘！各位來賓！

也許有人認爲我不該來參加這個婚禮，可是我居然來了。所以我看到大家都用驚奇的眼睛望著我。實際上有什麼驚奇的呢？人生就如同演戲，這不就跟演戲一樣嗎！（她指著低頭的新郎新娘。又是一陣掌聲如雷）新娘穿上白色的禮服，戴上白紗，抱著紅花綠葉，新郎的衣領上插著一朵紅花。兩旁站著男女儐相，後面站著男女雙方的證人。記得我跟金子結婚的時候，婚禮也是這樣。不過，不但我們的證婚人是臨時請來的，連我們的主婚人跟介紹人都是臨時拉來的臨時演員。（又是一陣雷樣的掌聲。不過，也有噓聲。）這正說明了人們現在結婚所以非用這種方式不可，也就等於是古時的所謂「明媒正娶」吧！所謂「明媒正娶」的這些新的和舊的婚禮，一言以蔽之，祇不過在告訴人們一件事。「我們是當衆公開過的。」（又是一陣雷樣的掌聲和噓聲。待掌聲息去，還有噓聲在此起彼落。我發現到閔汶的花容變了。）哎呀！我說了我不該在這裏說的話，請大家原諒。最後，我恭祝陸先生和陳小姐白頭偕老。我這位退了職的陸太太是對不起陸先生的。（又是一陣雷樣的掌聲。）我想陳小姐一定會把我過去對不起金子的地方，完全替我補償上。金子是天底下的大好人，可惜我不是一位作人家的太太的料。也不是一位做孩子的母親的料。好了，不多說了，祝你們二位魚水千年，芝蘭百世！對不起！對不起！再見！再見！（我看到她眼眶裏有明晶晶地東西在日光燈與一對龍鳳臘燭的光暈下閃爍。）

她在如雷的掌聲中走下台來，我看到她臉上掛著懊喪的神情，雖然臉上浮漾著絲絲的微笑，那微笑也是為了掩飾內心的懊喪而浮漾起的。她來參加這個婚禮，就是為了要說那麼幾句要別人不愉快也要自己不愉快的話來的嗎？我想不是。那天，我沒有和她講話，她從台上走下來，就離開了那裏。我當時似乎沒注意婚禮是怎樣結束的。祇記得新郎新娘像逃跑似的從觀禮席的中間紅毯鋪的道路上踉踉蹌蹌地走回休息室。賓客們在閔汶走後議論不休。我的頭昏昏沉沉，面紅耳熱。沒有吃酒我也離開了那裏。晚上，在海軍軍官俱樂部有個招待演習人員的晚會，有影星歌星的節目，我想閔汶是隨同那個團體來的吧。不過晚上並沒有看到她的節目。這以後一幌數年，我都沒有再和閔汶見過面。就在那第二年的春天吧，我在一家報上的影劇欄裏，看到閔汶赴港為一家新成立的電影公司拍一部新片。似乎那部片子沒有拍成，那家電影公司便無疾而終。之後，又有閔汶和某家大公司簽了三年拍片合約的消息。也沒見到她主演的影片。後來又傳出她離開電影圈，下嫁了一位旅星嘉坡的中年華僑。因而數年以後，閔汶的名字早被台北的社交界以及影劇界遺忘。可是前年夏天，我接到陸君仁的信，告訴我閔汶已回台北。仍住通化街那幢老房子，希望和我見面。

我把信拿給玉理看，玉理說一定有什麼要事，她促我當晚就去。我第二天有事，遂寫了一封回信，限時寄去，問他如無特別急要的事，可否等到週末——那天已是星期三？第二天晚上，我們就收到金子的回信，說是閔汶聽說星期六可以見到我，高興得流淚。在沒有去台北的那幾天，我和玉理一直在猜疑，閔汶何以不自己寫信來？金子不但和閔汶離了婚，而且又結了婚，孩子都已經生了兩個了。那麼，他們縱有重圓的感情，也沒有重圓的條件。於是我們猜想極可能是為了美利的問題。那天閔汶在金子的婚禮上出現，六歲的美利曾獨自一個人躲在廁所裏一直躲到被人發現——這事是後來梁芸寫信告訴我的，因為閔汶自小沒有在美利身上灌溉過母愛，所以美利自小就不喜歡她母親。難道是為了這個問題嗎？那又為什麼要金子寫信來呢？是為了那幢房子的產權嗎？也不需要找我去呀？從金子寫來的信上的語言看，可以想及不會是有什麼糾葛。星期六的下午，我就請了半天假趕去台北。

一切都變了，通化街——過去那一帶叫坡心吧——那一帶的良田，業已全部變成了大廈——雖不完全是高樓也大多是高級的平房公寓。我費了半個多小時的時間，才找到閔汶的家。大門的平台上，爬滿了長春藤，正開著玫紫色的花，打四周修剪得平平齊齊，像一個人新剪的平頂頭。房子也變了，院子裏靠右手又多了兩間，靠左手的牆角又多了一小間。門牌也不是十前年的街名和號碼，若不是金子的信上寫著新的門牌號碼，我真的不敢去按門鈴。那時雖近六點，但夏日天長，太陽還老高的在西南方的山頂上呢。我擦了擦汗，站在門口冷靜了一霎才去按門鈴。開門的是美利，雖已數年沒見，美利已長得亭亭玉立，穿一身中學生制服，但從面貌上卻還能一望而知是美利——縱使在街上遇見，我也會認出她的，因為她的面貌太像閔汶了。可能她聽說我會來，所以她一打開門，看到我就嫣然一笑地叫「馮伯伯！」

「噢！美利，妳還認識我！」我說。伸手摸摸她的頭，「妳長得這麼高了。」

美利笑著把門打開來，我的第二隻腳還沒有踏進門檻，她就用一種很興奮的聲音在喊：「媽！馮伯伯來了。」一邊砰地一聲把門關上，一邊就一蹦一跳的先我向靠右手的房跑去。她們原住的那幢房，有位中年婦人聽見美利喊叫，推開紗門，伸出一個頭來瞄了我一眼，又把頭縮回去了。我猜想那間房子已租給了別的人家。我跟著美利走進房去，剛一進門，就看到閔汶站在那間小房的一張高腳的扇形籐椅前，穿一身白得像雪似的長式睡衣，腰間繫著米黃色的絲繩束帶，大張開兩手，似乎在等著我走向她，她在等著擁抱我，本來，「閔汶」兩字的興奮聲浪已經滾到我的舌尖，可是，我突然看到了閔汶的一雙眼睛是閉起的，從內心浮起的快樂與歡愉，雖蛛絲似的一絲絲顫巍巍地掛在她眼角與嘴角上，卻無論如何掩蓋不住滿堆在她臉上的悽楚。特別是她那異樣的神情，把我頓時愣在門口，怔愣得使我的舌頭凍結在口腔裏面。儘管口張著，卻說不出話來。祇不過兩秒鐘，閔汶從我們的腳步聲中，業已知道我已走進房來，所以我看到她把張開的兩手向兩方空摸了兩下，我看到她眼角上有兩粒豆大的淚從腮上滾下來。這時，美利已看到了我的怔愣，遂說：「我媽的眼睛看不見了！」說著就伏身趴在窗前的一張小桌子上嗚咽起來。

「不要哭！」閔汶雖在勸她女兒，但那顫抖的聲音，比美利的嗚咽更要使我難過。她一邊張開雙手蹭蹬著走向我，嘴裏仍喃喃地用那顫抖的聲音喊我：「馮聰，馮聰！」笑和淚在她蒼白的臉上交相輝映著她內心中的複雜情愫。我用上牙緊咬我打顫的下唇，也以她同樣的腳步走向她。祇不過兩步我便一鑽過去，雙手抱住了她的脖子，我們的兩片滿是淚滿是熱的腮龐緊貼在一起了。這是我和閔汶相交以來，最接近的一次肌膚之親。我們相擁著大概有三十秒鐘，我幾乎在每一秒鐘的時間裏，都要吞咽一次從喉頭湧上口腔的液體與氣體。淚水像雨中的簷水似的向閔汶的肩上滴。我聽到閔汶在說「你想不到吧？……我會失去眼睛。……」

我把她推到她身後一把扇形椅上坐下，美利送過一條手帕給她，我也掏出手帕把淚擦擦，壓抑了一下感情問：「什麼原因呢？」

「據說是白內障。」她答。「你看！」她把雙目睜開。啊！連黑色的眸子都不見了，像藍天上佈滿了一層白雲。那盲睛使閔汶變成了一尊石像。她說話的語氣都變了，似乎已非從前的閔汶。

「什麼時候起的？」我坐在美利搬給我的一張椅子上。

「從發現到現在，也不過兩年多。」她說。毫無感喟的意味。

「治不好嗎？」我又問。

「在國外看過不少名醫，也動過手術，」她像述說著別人的病情。「可是越醫越壞。所以我在今春完全失去了視覺之後，就乾脆放棄了復明的希望。這或許是天主給我的懲罰。」

這時，我才發現她項上掛著一副黑珠銀鍊的唸珠，繫著一個黑色的十字架，一邊跟我說話，兩隻手還一邊數動著那一粒粒的唸珠。「不過，也許這是天主給我的指引，」我發現她臉上浮漾著一種令人看去非常恬適的神情。「主把我的肉眼閉上了，卻打開了我一雙心靈上的眼睛，所以我現在的心情，比沒有眼睛的時候還要清明。」

「妳不打算再治療啦？」

「就是有醫生說能治好，我也不去治了。」她說「現在我才發現，我閉上眼睛比我睜開眼睛看見得更多。在我睜著眼睛的日子，所看到的一切一切都是污濁骯髒。現在，我所看到的一切一切都是潔白的。因為我眼睛看不見，不需要出門，所以耳朵也是清靜的。人就是人，人類社會就是垃圾堆，就是糞坑。大半個地球我也跑過來了，各色各樣的人我也見過了。一句話，人就是人。似乎十年前曾在北投聽你說過這些類似的話，對吧？馮聰！」她伸出手來想抓到我，我把手給她握住。

「妳還記得那些往事，」我怕她再感慨萬千的說下去，遂打斷她的話，「還是不要追想那些吧！任何一件值得追想的事，對心靈來說都是沉重的負擔。聽妳說話，我想妳一定受了洗了，得了救了。」

「我在支加哥受的洗禮，」她說。「那時我住在一家天主教設立的醫院，那些姆姆們真好，她們每天讀聖經，唸小說，講故事給我聽，帶我到花園中散步，帶我上教堂，教我背誦禱詞，不到半年，就把我的心情平靜下來。姆姆之中有不少是豪門家的千金小姐，大多年紀很輕。我聽了好幾位年輕的sister向我講述她們受『聖召』皈依天主的故事。雖說教會方面還沒有接受她們罰大願（終身願）的請求，而她們都一個個向我說，當她們經受到聖召去做修女的那天起，就已立下了終身奉獻上主的志願。從前我奇怪她們為什麼要去做修女，現在我才瞭解信仰的力量大於一切。噢！」她好像突然想到了什麼，本來兩隻手握住我一隻手，這時她竟把握住的手抽出，摸索著去抓住了我的膀臂。「你一來我就說了這些不相干的話，我倒要問你幾個孩子了？」我答說四個，並告訴她我家的玫玫和美利同年，也讀初一。她又問玉理是否還在教書？我告訴她自從遷到新竹改任國民小學教員之後，就一直沒動。一切都住定了，為了玉理的工作調動麻煩，所以這些年來，我就一直在新竹呆著。她問我是否還繼續寫稿，我說是早已不彈此調。說到深芸已出版了十本書，是當前文壇上一位年輕走紅的女作家，她也頗為喟然地說：「當年我如一心一意的寫作，或翻譯，現在也該印幾本書了。」她對過去，似乎事事都深感追悔。後來她突然問我：「你還記得章以明吧？」我說記得。她說她已在美國割腕自殺。「葬事是我把她料理的。」她說，「人生有何意義？」她沒有說章以明的自殺原因，我也沒有追問。我不想知道太多的人生之悲劇結局。「我如果不是信靠了天主，我比章以明還應該自殺。」她說。「你看，我沒有了眼我還是想活下去，在我的心靈上我有種明亮地感覺，我總覺得那不是我要活下去，而是神要我活下去。因為他讓我心靈上的眼睛，見到了一個明眼看不到的更美的世界。那世界不是天堂，」她解釋著，「天堂是人的肉體消失後，靈魂去的地方，我知道我鑽不進那扇窄門。神現在給我的世界是一個人從人世中獲得了超越的一種世界。」正說到這裏，門鈴響了。美利開門領進來一位黑袍白領的修士。

「媽，李神父來了。」美利把那位修士領進房中時說。閔汶馬上站起，臉上堆出非常快慰的神情，說：「李神父，我介紹您認識一位朋友，就是我向您說起的那位馮先生。」於是我和那位李神父握手。他是一位看去不過四十餘歲的中年人。高大魁梧的身材，紅紅的面龐，黑黑的頭髮，雖是八月盛夏，他仍穿著一身黑色布質的道袍，繃硬的白領莊嚴地束在他的頸上。「馮先生您好！」他說。手有熱有力的和我握著。「聽閔小姐說，馮先生對宗教有很堅定的信仰。」聽到李神父這樣恭維我，禁不住心底的熱湧到了臉上，因為我知道我不是一位虔誠的教徒，直到現在，我也沒能完完全全接受了，宗教家們對耶穌的那種「三位一體」的說法。在宗教家的觀念中，一個教徒如果對「三位一體」的說法有所懷疑，那就根本不能去領受洗禮。而我卻堅信基督教義上所昭示的一神論；他們禮敬的那位大神，也正是我們中國人所禮敬的那個「上天」一樣。當這些意念在我腦間湧浮現時，我想坦白地道出我並不是一位信任宗教家的話的教徒。閔汶則已向我介紹李神父了。他告訴我李神父是一位文學博士，也是法學博士，在美國住了九年，對美國當代小說家福克納那個約克拿派陶法郡（後來才查出是這幾個字母：yoknapatapha county）中的世界，有深刻的研究。她回國之後才認識李神父，離開支加哥的時間，史密斯神父特別為她寫了一封介紹信給李神父。現在經常由李神父來為她講解經句。可惜我對文學已荒疏太久，對基督教義中的哲學，也欠深入的瞭解——這也正是我至今還未能信服「三位一體」這一解釋的原因。雖然和李神父同在閔汶家吃了晚飯，終未能和李神父多討教一些文學和哲學上的問題。當一個人如果沒有某方面的知識時，自也沒有發問的能力。更由於閔汶已完全變成了另一個人，自從李神父到來，閔汶就一直和李神父談聖經上的寓言，及預言，更夾雜著一些希臘神話上的故事。因而我祇有聽的份兒了。

在吃了晚飯之後，李神父告辭時，我也告辭。「不，」閔汶說。「你別走，我要跟您說的話還沒有說呢！」於是我又坐了下來。夏日天長，晚飯後天還沒有黑透，都市早已把坡心那一帶的綠色田園佔據，閔汶的那幢房子，已失去了往日的那種清靜，它已浮盪在喧囂的市聲中。特別是汽車嗡嗡及馬達聲，成了台北市聲交響的主要樂器。「你聽，多吵！」閔汶說。「金子要我到屏東去住，李神父建議我去潮州，潮州是鄉下，比屏東更清靜。金子回屏東替我安排去了。下星期他回來我就南下。我現在眼睛瞎了，聽覺非常敏感。」在閔汶說這些話的時候，我就想到十年前，她在這幢房子裏唸的那首陶淵明的飲酒詩：「心遠地自偏」的詩句來。我很想提起這句詩，我卻沒有啓齒，我想到我不該去違拗一個殘廢了的人，而我也想到閔汶的心情還在煩躁中，她祇是強藉宗教的力量在壓抑著自己罷了。當李神父到來的那段時間，她之所以那麼有興趣地和李神父談論著舊約上的故事以及戒律，還有新約上記載的耶穌所行的三十幾件神蹟等等，我猜想她還未能把全心靈都交付給信仰。因而我想到她是的確應還到一處僻靜的地方去，才會慢慢地把心情沉靜下來。人就是人，當她重回到這幢房子裏來之後，又怎能不勾起舊日的回憶。她之想到要重回舊地，重見故人，像她之寫信要我來，何嘗不是因了舊日的回憶所勾起的呢？我不知她是否還想到要見別的朋友，或者已經見過別的朋友？「台灣的許多朋友知道妳回來嗎？」我問。

「沒有人知道，」她說。「我不希望任何朋友知道。你瞧我這樣子，」她指著她的眼睛，「

豈不正是她們社會新聞的材料。我回來是用外國人的名字，用美國公民的身份，申請來台灣治病來的。我是由一位姆姆陪我來的，到台灣，祇有李神父一個人來接我。後來由李神父替我連絡到美利，還好，美利還願意見到我這位沒有對她盡過教養責任的母親。」這時，美利插了一句話說：「媽，妳不要說那些！」於是閔汶繼續說：「事實是這樣的嗎？來到台灣一星期之後，才見到美利。回到這間房，」她用手指指腳下，「到今天才五天，對吧，美利？」美利答說是。她說因為紀念她死去的母親，多年前蓋了這間房子。那房子布置得像個靈堂。「本想在這房中多住些日子的，祇是環境太吵了，所以決定南遷。」

人的思想一旦進入了回憶的境界，即已停止向前，開始回頭向走過的路上走了。有人說這是中年人的心情或老年人的感懷。不是有人說「青年是幻想的時代，老年是回憶的時代」嗎？實則，人的思想裏一旦有了回憶的意念，就是想從現實中逃避開去的明證。也就是說，人一旦回憶過去，必然失去了和現實奮鬥的勇氣。從閔汶的談話所顯示的思想，我知道她已從現實陣線上敗下來了。不從現實上敗退下來，又當如何呢？她已失去了眼睛。所以人生的環境與人生的現實，往往是改變人性格的壓力；而人之性格復往往是刺激環境與現實產生壓力的因素。環境有如汪洋大海，現實有如飄航在汪洋大海上的船舶，你是否能駕駛著那艘現實之舟，在波濤洶湧的汪洋大海上，平穩地航到你理想的港灣，完全決定於握在你手上的性格之舵。閔汶就好比一個不諳水性的舵手，所以，無論她換過多少不同型的船，都照樣的被洶湧的大浪給推到岸邊。現在，閔汶正有如一位厭倦了海洋的水手，而她卻仍舊不肯放棄船

——不肯從船上走到岸上來，祇是希望換上一艘小船，把它駛到一個平靜的小湖去；不希望再跟汪洋大海上的洶湧波濤搏鬥而已。這是我那天見到閔汶後的想法；但在半年後，卻證明我這想法完全錯誤。說來，應是這部小說的後半部了。

9.

本來，自從我因調職離開台北之後，我和閔汶即已日漸疏遠，所見所聞也祇有上一章中記述的那些；她住到南部之後，我也沒有工夫到南部去看她，祇通過兩次信——第一封信是由她口述由美利筆錄出的，第二封信則是她親筆寫的，她告訴我已學會了點讀點寫，而且更已養成了能用筆在紙上書寫——她說是左手按捺著一把尺，把行格固定成平行線，那樣，就不會把下一行寫的重寫到上一行去。「你看，我這封信是否寫得很整齊呢？」她在信上顯示出非常驕傲的心情說。「以後，我還要練習不用尺攔住我的手，我要用我的心眼指揮我的手。我想我能做得到。我準備寫一本書呢！」這都是閔汶遷到南部之後的兩月間，在信上告訴我的生活情形，兩個月之後，她就沒再寫信給我。雖說，閔汶的眼睛已經失明，而我在心理上，卻仍舊規避著一些什麼。當我回了她的信，而她沒有再來信時，我就沒有再去信。雖多次想去信，問問她的生活以及她練習盲目寫作的情形，都被一種規避心理阻攔住了。但從梁芸的信上，知道閔汶住到屏東鄉間之後，除僱用一個下女招管她的衣食起居，還有一位修女經常教她點讀點寫有關讀與寫的問題，美利也跟她在一起，而金子則是除了工作之外，幾乎把所有的時間都付在閔汶那裏。每個假日他就偕全家妻小去和閔汶生活在一起，惹起了金子的同學與同事的不滿，以及他太太陳錦玲的同學同事的不滿。但金子夫婦並沒有因了同學同事的不滿，而改變了他們對於閔汶的關注。也許是那些外人的閒話，傳到了閔汶的耳朵裏，以後她就遷到潮州和幾位修女住在一起，除了美利之外，祗有禮拜天在教堂中望過上午的彌撒之後，她才跟金子的一家人聚會了一些時候。這些，都是在梁芸信上獲知的大概。

又是櫻花已謝，杜鵑盛開的春日，玉理從她的學校打了一個電話給我，她從來不曾打過電話給我，所以我接到她的電話，幾乎一時搞不清她是誰。當同事通知我說是另一個話機有人找我講話，我拿起話筒，玉理就說：「陸先生來了，現在在我這裏，你能馬上來嗎？」她的話沒頭沒腦，聽來不像是找我說話，遂問：「妳找誰說話？」她問我「你不是家慧嗎？我是玉理。陸先生來了，住在屏東的那位陸先生來了。他說閔小姐失蹤了。到我們這兒來找她來啦！」

「閔汶失蹤了？」

「他這樣說。」玉理說。「他在我們學校。你馬上來一趟吧。」

於是，我匆匆地趕到玉理服務的學校。在那學校的會客室中見到了陸君仁，多年不見，他比從前胖得多，祗是神情黯然。看到我進來，臉上並無絲毫笑意地站起身來，也沒伸手和我握手，等我一走進會客室，他就說「閔汶走了。」愣愣地望著我，好像能從我臉上尋出閔汶的蹤跡似的。玉理也同樣地愣望著我。頓時，我有受辱的感覺。

「又回美國去了嗎？」我問。

「不知去向。」他回答。眼眸疑固在眼眶裏。「你知道嗎？」

「有三個多月沒來信了。」我說。

「你把陸先生請到我們家去談吧！」玉理說。

「不，」他說。「你認識這裏修道院的院長嗎？」

我搖搖頭說不認識。

「你有朋友認識嗎？」他癡癡然地說，他那僵化了的神情已漸漸復活。「你們不都是教友嗎？」

「我們是基督教。」

我和玉理幾乎是異口同聲的回答他。

「噢！」他若有所悟似的，把頭低下去。近乎自言自語地說：「我以為你們和閔汶信的是同樣的教。」

「我們信仰的是同一個真神。」玉理說。「我們只是形式上的不同。」

似乎陸君仁並沒有聽到玉理的解釋，還沒等玉理把這句話聽完，他就抬起頭來癡癡地望著門外說：「我走了。」說著就向門外走去，好像他已頓時決定了要到什麼地方去似的。玉理怔然地望望我，那時我正在轉身要跟陸君仁出去，所以嘴裏還在問他到那裏去？而他則貿貿然地昂起頭毫不理睬地走去。也許他心裏正想著一些什麼，根本沒有聽到我問他的話，要不然就是存心不願意回答我。他的腳步非常迅疾，從他那迅疾的腳步上看，可以瞭解到他已下定了非尋到閔汶才可的決心。我在他身後跟著，那時，我的心情感到緊張，恰像見到了一個發瘋的友人，既不敢攔阻他，也不敢任他去，去攔阻他生怕自己遭到意外，任他那樣走去，又生怕他遭到意外。於是，我一直跟他走到車站。實際上，陸君仁並沒有失去理智，他祇是急於要去尋找閔汶。到公路汽車站，他買了去台北的票，轉過頭來才看到我。那時，他僵化了的神智似乎又復活了。「我去台北，」他說。「我去找李神父。」

「閔汶什麼日子離開你們的呢？」我問。

「已經三天了。」他說。「我怕發生意外！」

「她不是和修女們住在一起嗎？」我問。

「哼！」他不滿的用鼻子哼了一聲。「正因為那樣。」

排在前面的人已經開始上車。他隨著前面的人慢慢向前走。

「你以為她進了修道院嗎？」

「我這樣想。」

「跟她住在一起的修女們怎麼說呢？」

他把手上的票交給了女車掌，接過撕了角的票就上了車。沒有來得及回答我的話。我等他坐定，就走到車窗口。而他卻兩眼怔瞪著，早就忘了還有一位朋友在車子外面問過他的話。

「喂！」我喊他，把手搭到他坐的那個窗口上，他這才回過頭來看到我，他的一雙略帶棕黃色的眼瞳雖然轉了轉，但眼神卻好像玩具木偶的一雙活動的眼睛那樣呆滯。「我回頭到新竹這所修道院去替你打聽一下。」

「我問過了，」他說。「他們説沒有這個人。」

兩眼又怔視著前面去了。

「噢！」我遲疑了一下又安慰他說，「我想你會打聽到她的下落的。」

他還沒有來得及説話，車就開了。

「陸先生，」我追著在慢慢起步中的汽車，「你可以寫信告訴我，如果有需要我協助的事，我會答應的。」

雖然車在加速開行，已把我撇在車後，而我從斜後方仍能看到怔視著前方的陸君仁，他連頭都沒回。我當時委實弄不清他是沒有聽到我的話呢？還是故意不願意回答我。我停下來望著那開去的藍色汽車，車尾的排氣管噴出粗粗一縷黑煙，恰像它是在代替陸金子為我作黑色而茫然的回答。的確，我那天只落得那樣一縷黑煙帶回給玉理。

一直到家，我的頭腦仍像那汽車的排氣管一樣，在一團團的向外噴出黑色的煙雲，我想不出閔汶的出走是怎樣一回事？從陸君仁的那種因閔汶的出走所顯示出的迷亂心境，可以想像到他對閔汶還有一潭吸不乾的深情。難道閔汶的出走是為了他——為了怕再跌入感情的深淵？那麼，閔汶的離開潮州，必然是受到教會的協助，要不然，一個沒有了眼睛的人，是無力獨自出走的。

玉理放學回來，看我躺在床上發愣。她就過來凝起雙眸向我盯了疑問的一眼，才問：「打聽到消息沒有？」

「陸君仁到了車站就買票去了台北。」我說。

「我看陸先生在發呆：發呆的厲害。」玉理說。

「是，」我說。「我正在想這個問題。」

玉理坐到床緣上。一邊說，「看起來，陸先生還是非常愛閔小姐的。」

「那是當然的，」我說，「要不然他不會那麼發呆的。」

「他這種感情令人不可思議。」

「感情就是一種無法用常理去思考的一個問題。」

「這是你的經驗之談。」玉理向我儼然一笑，一手按在我的膝蓋上當扶手，站了起來。

「我去熱飯，」她說，「我想可能是閔小姐在躲避他。」

「我也這樣想，」我說。「不過，也不一定。因為我們不知道他們的生活內容。」我從床上站起身來。

「我關心那位閔小姐，」玉理一邊點燃爐子，一邊說。「會不會發生其他的意外呢？一個已殘廢的人，心理和常人不同。我在教育心理學上讀過。」

「我寫封信問問梁芸。」我說。「梁芸可能知道一些內容。」

「以我的意思，」玉理點著爐子，回過身來衝我說，「你最好先到台北去看看，我還怕陸先生會出事呢？瞧他那發呆的樣子。」

玉理的性格我最瞭解。她往往依據著我的話頭，去探討我內心的心意，她看到我對這事發愣，知道我非常關心，所以當我興奮的說要寫信問梁芸時，她就更進一步的建議我最好去台北。雖然她嘴裏說是關心陸君仁的發呆，而心理上則是關心我的關心閔汶，她祇是從旁觸發起我的潛意識而已。過去，我上過她這樣的當不止一次了。當時，我以為她是好意——誠心誠意地和我同樣的關心那人——甚而比我還要加倍的關心。結果，照著她關心的辦法去做了，不是氣得她深夜飲泣，就是每在兩人因瑣事發生口角時，她就會舉出那些事來，把我口腔塞得滿滿的，弄得我連大氣都喘不過來，休說去回嘴了。於是我說：「我到台北去找誰？我雖然知道李神父的住址，陸君仁未必會老是停在李神父那裏。我對這件事，並沒有關心什麼，妳以為我感情上還有什麼負擔麼？我想探討的祇是閔汶出走的問題。她去那裏？為什麼會出走？」那時，我嘴裏雖然那麼說，但現在想來，在潛意識中我仍藏有一份無法思議的感情成分。這是不可——也無法否認的。

「噢，你又多心了。」她說。「我沒有想到你想的那麼多問題。」

「算了，」我說。「反正是別人的事。犯不著我們來生吃蘿蔔閒操心。」

「事實上你不是那樣想，也不可能那樣想，」玉理說。「人就是人，當我們知道了這件事，我們就不能不想這件事。就等於我拿起一本有趣的小說，必須要去一章章讀完，來了解它的結局一樣。我要你先去台北市看看陸君仁找尋閔汶的情形，也跟你要寫信問梁芸的想法一樣，都想早點知道這件事的底蘊。你如能到台北去李神父那裏見到陸君仁，不是很快就知道了閔汶出走的真情了嗎？」

「我不想這樣千里追蹤的去讀這本小說。」我說。「自從遷到新竹之後，可以說我和這本小說已經脫離了干係，想不到它還會一章章發展下去。所以我想連梁芸也不必問了。讓以後的情節自然出現吧！」

果然，我雖然沒有去追尋這篇小說的未來發展，就在那當天晚上，未來的發展卻又銜接上了，那就是陸君仁又從台北回到新竹。我們已經準備就寢，陸君仁找到了我家。一看他那益加疲憊的神情，就可以猜想到他到台北後必然一無所獲。

我家住在新竹的房子，是日本式平房，兩家住一棟——一家一半，沒有院子，陸君仁找到我家的住屋時，他在房外敲窗子，不是敲門。所以我們聽到有人敲我們的窗子，就打開了窗子看看是誰？沒有想到一打開窗子，我就看到陸君仁像一尊泥塑的巨靈似的豎立在窗外。他看到我不惟沒有說話，連他豎立的地位及他身體上的各部份都沒有移動一下；雖然迎著從窗內射出去映在他臉上的燈光，我並沒有看清他的眼睛，但我卻敢說連他的眼珠也是死釘在眼眶裏的。

「噢！是陸先生。」我說。

我按捺不住我的語氣不發出驚訝。

好像他用他的兩腮縱了縱，從眼角上綻開的幾條皺紋上，向我顯示出他已聽到我向他說話。

「您等一下，」我說。「我去給你開門。」

我聽到他噓出一口長氣，仍舊沒有說話，祇是把身體來了一個半面向右轉，向我表示等我去為他開門。我去開門時，站在我身後的玉理用一種接近顫抖的聲音說：「啊！他那樣子，好使人害怕！」我小聲囑咐她：「妳睡覺好了！」她竟隨同我走到玄關，聽到她在我身後說，「我不敢睡。」我想她是擔心我。

等我打開門時，看到陸君仁仍舊站在原來站的那塊地方，不過方向又變換了，他已臉朝他方——那就是說他的背正朝著我們，怔怔地豎在那裏，看去益發的像一尊塑像。

「陸先生！」我喊。他沒有動。等我再喊第二聲，他才轉過身來。看到我站在門口，還向我怔然了一秒鐘才彳亍著走來。

我們把他接待到客廳，他沒有坐下就遞給我一樣東西——那是一封信；閔汶寫給他的信。信封上寫著：「留給陸君仁拆閱」。我接過信來看了看信封上的字，不得不昂起臉來望著陸君仁。因為我不知道他交給我這封信，是何意思？是不是要我拆閱信中的內容？也許陸君仁從我的眼神中發現到我的疑問，遂幽幽地說：「信裏面提到你。」這時，玉理已為他泡好了一杯茶，在招呼他坐下。那時，我的手開始發抖，我不知閔汶在那封信裏提到我一些什麼？我用發顫著的手，從信封中抽出那一頁信紙，見上面只有歪歪斜斜地十多行字：

我走了！不要問我到那裏去了？回國這數月以來，我得到了我從來沒有得到的東西，也失去了我從來不曾失去的東西。但人生的得，是絕對無法和失作對抵的。等於生無法和死對抵一樣。我不責怪任何人，我祇責怪自己。也許這是我在人生中最後一次的得失。我本想把這書櫃中的一切，全部燒掉。沒有時間讓我這樣做了。我已把它貼上封條封起，請你不要動它，我已把它送給馮聰先生，等他自己來開封全部取去。任憑他的主見處理。這間房請仍保留現狀。我們決不會再相見。祝你和你的家人美滿！並請多多安慰美利不要想我。

讀完閔汶的這封信，益感惘然。我反覆的看了看信封，猜想這封信他可能是從李神父處得來。遂問陸君仁，「是李神父交給你的嗎？」

「不是。」他答。「李神父去了美國。」

這時我才突然想到閔汶一定回到了台北通化街，信上已說明白了。正當我想到了這裏時，陸君仁突然站起身來，以哀懇的口吻向我說：「你能去台北一下嗎？」

「可以。」我答。

「好！謝謝您！」他起身和我熱烈握手。抽出手之後就向門外走，我才想到他是要我當時就隨同他去台北。我和玉理都愣住了。

我一直跟他走到大門外，他都沒有轉頭的向前走去，以為我已經答應他馬上同去台北。我不得不在他身後喊：「陸先生，陸先生！」連喊兩聲他才停住腳步，愣了一霎才回過身來。

「今兒晚上就去嗎？」我問。

他豎在那裏沒有任何動靜。我像在對一個石像說話。於是我又繼續說：「快十一點了。這時候沒有北上的車。北上的車要過了兩點之後才有。」

他在原地蹀躞了幾步，仍舊沒有回答。這時，玉理也走過來了。她向我小聲的說：「你留陸先生在我們家住一晚，明天一早你陪他去台北。」

那晚是個陰天，沒有月光也沒有星光，風在樹枝上呼呼嘯鳴。我祇穿一襲睡衣，風吹來感到透骨的涼意。當我走到他身邊時，他才喃喃地說：「閔汶一定還在台北。」

「我也這樣想，」我說。實際上我並沒那樣想，因為我不瞭解閔汶出走的內容，沒有作為我去猜測的根據，在看陸君仁的那種情況之下，卻不得不那樣安慰他。「但也不必這樣急。你在我家住一夜，明天我們一道到台北去打聽打聽。」

「在我們家住一晚吧，」玉理在我身後說。「今晚又沒有車，明天讓馮聰陪你去找。」

從他站在那裏怔怔地望著我們的樣子看，猜想他已在考慮我們要他住一晚的問題。在風中，我越來越感到寒冷，忍不住打了個噴嚏，更迫使我要馬上把他留下來。於是我伸手去攀住他的右臂，說：「來住一晚再說，明天我陪你一道去。」就這樣我把他拉回家來。

他坐下之後，神智仍舊那麼癡呆呆地。我本想問問他閔汶出走的經過，看到他那雙凝結在眼眶中幾乎不轉的眼珠，卻也不敢啓齒了。為了不願彼此僵視在那裏，我也去幫同玉理準備那張帆布床。我們把床鋪在客廳中給他準備好。我說：「陸先生您休息吧，明早我五點起來喊醒您，咱們乘六點的車走。」跟著我把廁所的地位及電燈開關的地位告訴他。他向我說了一聲謝謝。我知道他已聽明白了，我才向他說一聲「明天見」。

躺上床後，許久沒有入睡。我不時地靜聽著陸君仁在客廳中的動靜，雖說看到他沒有關燈，卻聽到他在我那張帆布床上，輾轉反側的聲音，我知道他已經睡到床上了。突然，我在夢中醒來，看到玉理站在床前，正用手推我，口中還在小聲喊我。等到她望見我已醒來，遂以驚訝的語氣向我說：「家慧，陸先生走了！」

「走了？」我一骨碌坐了起來。

「是的，」玉理說。「我睡了一覺醒來，看到客廳的燈沒關，上了廁所回來，順便向客廳看一下，一看陸先生不在。再看看我們的門已經打開了半邊。」

「幾點了？」我一邊問一邊到枕下去取出錶來，一看才三點過一刻。「他一定在二點鐘以前就走了。」我想。

「妳才起來嗎？」我問玉理。

「是的，」她說。「我起來不過十分鐘。」

我走下床來，到客廳中一看，才知道他根本沒有睡，因為床上的舖蓋還是原來折疊好的被筒，他祇是在被子上躺了一些時候而已。茶几拉在床邊，茶几上的煙缸，幾乎是滿滿一缸子的煙蒂頭，像一堆死蠶。

「大概他趕去搭兩點鐘的車走了。」我說。

「我看這人的神經已經錯亂了。」玉理說。「他怎麼會這樣呢？」

我搖了搖頭，表示無法解釋。但心頭卻好像塞著一樣什麼東西。

「天還早，」我說。「他已經走了，也由他走吧。這時候我們也無從找他。我們再睡一會兒吧！」

「我是睡不著了。」玉理說。

的確，直到天亮我們都沒能睡去，有如失去了一樣尋不回來的東西。

到了五點多鐘，天還沒有亮。因為我曾答應陸君仁搭六點鐘火車去台北，雖然陸君仁在半夜間就不辭而行，而我覺得也不能不到台北去一趟，何況閔汶留給金子的信上，曾說明把她存在台北的一部份什麼東西留給我處理呢。「我還是搭六點鐘的火車到台北去一趟，」我向玉理說。「上班之前別忘了給我請假。」

「好，你去吧！」玉理說。「我真是著急死了。」

我猜想到她著急的，除了人類本能上的同情心之外，那種等待看小說續集中之「結果如何」的好奇心似乎更大。我到台北去這一趟，有如去買這本小說的續集似的。想來我又何嘗沒有這種去獲知結果的心情呢！當然，在我的心理上，還夾雜著一些矛盾而複雜的感情。那就是說，當我聽到閔汶的失蹤，心頭也隱約漾起迷失的味道。不過一霎那間就消失了。說來我還是想獲知結尾的心情更濃。

台北落雨。不是大雨，是霧濛濛地毛毛雨，一陣微風就把雨絲吹起，像吹起一縷縷少女頭上的長長散髮。我腦中的那些迷迷茫茫的思維，也亞似那雨絲一樣，隨時地隨著微風盪起盪落，因為我無法為我這本小説尋到了我們想像中的結尾——那就是説，在那時候，我根本不知道我將讀到些什麼，甚至連我預先知道的閔汶留給我處理的那個書櫃裏面，究竟有些什麼書？也無法獲知。其他的情節，可以説是連想都推想不出的。當我走出車站，在濛濛地毛毛雨中走向公共汽車站時，還想著我如果到通化街，要是見不到陸君仁，我應該怎麼辦呢？我不能確定他在那裏。如果見不到陸君仁，我是連個尋找他的處所也一無所知的。那麼，我自然也無法進入閔汶放置書櫃的那間房。想想我這趟台北，來得也未免太欠考慮了。可是，不來這麼一趟，又怎能心安呢！

到了通化街，敲開了門，來開門的就是上次我見到的那位中年婦人。她似乎認識我，因為她一看到我就把門大大打開來了。

「請問，陸先生是不是來過？」我問。

「是。」她説。

「在嗎？」我指著右邊那兩間房屋。

「不知道。」她説。「你去看。」

我一看房門開著，心裏頓感輕快。恰像一位駕著一架沒有雷達設備的飛機的飛行員，在機場上空穿雲下降時，突然看到了地面那樣的高興。我走進門去，一眼就看到陸君仁坐在上次我來時，閔汶坐的那張扇形的藤椅中，一手托著腮呼呼沉睡，我想，他一定是非常疲倦了，我進來他都沒有驚覺。我站在他面前望了望他。平匀的呼吸在他的皮夾克上起伏著。我向房中的四周打量了一眼，仍舊像我上次來見到的情形一樣。當然，我特別的打量到那隻放在牆邊的書櫃上，書櫃的門果然有一張白紙條，用紅色臘筆歪歪斜斜地寫著「交馮聰處理」等五個字。我正要坐下來，陸君仁醒了。他一看到我，好像突然發現了一個陌生人半夜闖入他的臥室那樣的驚恐，頓時站了起來，瞪起一雙大眼望我，嚇得我不得不向後倒退一步。

「陸先生！」我說。

他凝怔約有兩秒鐘，才從夢境中清醒過來。但仍舊沒有說話，我祇是從他的神情上，已看出他已經認識我了。

「我趕搭六點鐘的車來的。」我又補充了一句話。

他在揉他的眼睛，由於睡眠不足，大概他眼睛發脹。

「我們打開書櫃看看吧！」我徵求他的同意。

「好。」他幽然地輕聲回答。不留神你就不會聽出他是在回答你的話。不過，他馬上就把椅子移開。

我輕輕地把那隻書櫃上的封條小心地揭下，裏面除了一些書籍，再就是一些沒有寫完篇的稿件，還有幾本日記。夾在一些書籍中，其他一無所獲。連我以為必然會有一封閔汶留給我的信，卻沒有。

「這祇是一些舊書什麼的，」我張著兩隻滿是灰的手說。她希望我怎樣處理呢？我心裏想。陸君仁還蹲在地上一本本一疊疊的翻尋著，他一定想得到一封信什麼的。我拿起一本日記，順手打開，當我的視線落在那一頁上，便頓時若有所悟，於是我也蹲下去，隨同金子在一本本一疊疊的在翻找，居然翻出了七本日記。難道，她要給我處理的就是這些日記？然後，我又把她那些一疊疊的沒寫完或已寫完的稿子，檢出和日記放在一起。我準備帶走那些。陸君仁把每一本書每一疊稿紙什麼的都翻完，才失望的站起來。

「她沒有留下什麼？」我說。

「我去找詹姆姆，」他幽幽地說。說著便向門外走去。

「把門鎖一下吧？」

他沒有答理我，好像沒有聽到我說話，逕自昂昂然——似乎是憤憤然地大踏步走去。等我走出門來反身把房門拉上，再轉過身來的時候，他已走出大門；等我扭開大門上的司必靈鎖走出大門的時候，卻已不見了他的蹤影。我向我慣常走來的那個弄衕追去，一直追出弄衕，也沒有看到他。再回頭向另一端的弄衕尋去，也沒見到他的蹤影。我站在弄衕外的巷子裏，向兩頭張望了約有十幾分鐘，祇得再重新回來。湊巧在門口遇見那位中年婦人買菜回來，她看到我，用一種懷疑的目光還夾帶著一種調侃意味的微笑，望我臉上瞪。我想說句什麼，卻又不知該說什麼？那時，我在等他開門，好隨同她進去。我準備把那幾本日記和廢稿帶走。她把鑰匙插入鎖孔開門的時候，我不自覺的嘆了一口長氣，她馬上扭過頭來瞄了我一眼，「我還要進去拿東西。」我這樣解釋。

「陸先生呢？」她一邊把開推開，等著我先進門去，一邊問我；但並沒有看我。

「走了。」我說。本想再告訴她「他去找詹姆姆。」而我卻沒有說。我進門的時候，她又問我：「陸先生不是又結過婚了嗎？」

「唔。」我停下來，轉過身子望著她。

「那麼他還希望跟閔小姐破鏡重圓嗎？」

我稍加遲疑便答說我不瞭解這件事。實際上我也真的不瞭解這件事。

「我看是這樣。」她說。把菜籃子放到地上，準備站在那裏跟我談下去呢。「大概閔小姐不願意。」

「我住在新竹。」我說。「對他們的這些情形，我一點也不清楚。」於是我把陸先生這兩天來的情形告訴她，並問她知不知閔汶到那裏去了？她說前幾天閔汶隨同一位外國修女回來，住了一晚，第二天一早就又一同走了。「她們走的時候我不在家，」她說。「我的二孩子看到。她們把房門的鑰匙交給了我家二孩子。第二天上午陸先生就趕來了。聽說閔小姐頭天晚上曾跟一位外國姆姆到這裏住了一夜，第二天一早就又一同走了，他連房門也沒有進，就又扭回頭來走了。昨夜，他又半夜回到這裏來。我們半夜三更的聽到門鈴聲，不知道出了什麼事，開門，才知道是我們家的房東，我先生一打開門，據說他沒有進門就問：『閔汶回來了吧？』我先生答說沒有。他就雙手抱著頭，歪倒在大門上，半天都沒有聲息。可把我先生嚇壞了。連抱帶背的才把他扶進門來，在我們家客廳裏坐了十多分鐘，他才漸漸清醒過來。他還以為閔汶在那間房子裏。我們拿出鑰匙為他打開門。他進房之後，看了半響沒有人，才坐下來，害得我先生陪他陪到天亮，看到他沉沉睡去才出來。我看陸先生已經發了瘋啦。」

我知道那位太太也不知道閔汶的行蹤。但從她說的閔汶隨同一位外國姆姆在一起，我想她必然還在台北什麼地方，陸君仁要去找的那位什麼詹姆姆，可能就是那位吧？

我把閔汶的幾本日記及一些零零碎碎的文稿，捆紮在一起，包了三個紙包帶回新竹。回到家就收到梁芸的信，對於閔汶的出走，她的信卻有一番更明白的傳言與分析。

我還沒有時間去整理閔汶的那些信，卻收到梁芸這封信：

告訴你一件新聞，閔汶走了。據說在台北，金子追到台北去了。你知道這件事嗎？也許你還不知道，眞是一篇不須修飾的小說題材。我想你準不知道閔汶爲什麼要偷偷地離開潮州？因爲她懷了孕。你決不會想到吧？這是千眞萬確的事。伺候她的下女說的，閔汶在出走前的那一個多星期就天天早晨嘔吐。美利也說她媽病了。孩子不懂事，還回來告訴別人說她媽病了——吃些什麼吐什麼。走，當然是爲了這個；不是爲了這個才怪。

我想金子一定明白。也有人說閔汶已經看破了紅塵，想出家當修女，回台灣來祗是向美利還上一分心願，說是閔汶很後悔她過去沒有愛過她女兒。想不到金子還那麼狂熱地糾纏她。竟使她的凡心越捉弄越大。也有人說她回來的目的，就是要償還金子的愛情債。以我看，這叫「江山易改，本性難移。」對這種事，我一向有一個看法，女人要是不答應，男人休想。她雖然眼瞎了，心可沒有瞎，耳也沒有聾。上次我不是告訴你金子的同學和同事，還有陳錦玲的同學和同事都對金子照顧閔汶的態度，表示不滿嗎？我還沒有告訴你金子照管閔汶的那種肉麻勁兒呢。還是不說吧。我眞想不通，一個瞎了的女人，還有這麼大的魔力。你不是認識那個姓莫的嗎？說是也來找過她呢。更有她的別的朋友也來找過她，寫信求她，都聲明願意和她結婚。這些事都是傳說，那個姓莫的到屏東來過，確是眞的。這事令人不可思議。我眞是不懂你們男人，我也不懂我們女人。

閔汶回到屏東的時候，我曾去跟她聊過幾次天。天哪！她滿口的天主，滿口的永生，滿口的罪惡，滿口的悔改，滿口的地獄，滿口的天堂，我眞的以爲她那麼虔誠呢？可是不久就傳出她願和金子重圓舊夢的流言。說是閔汶已經同意，祇要陳錦玲不反對，她願意跟金子與陳錦玲三鼎角的生活在一起。後來有人說陳錦玲的娘家反對。社會的輿論也反對——金子與陳錦玲的朋友更是極力的反對。教會更加反對，據說閔汶由屏東遷到潮州，就是受到教會方面的慫恿。後來發現她懷了孕，而且屏東離潮州很近，金子照舊是得便就要去閔汶那裏。所以閔汶不得不走。我想也許閔汶回美國去了。她有美國公民的身份，出境比較容易。可是教會方面則說是閔汶不願意再見到他們，去了那裏，則拒絕答覆。我敢說閔汶是找地方生孩子去了。你相信嗎？

……………

我把金子兩次來新竹的情形告訴了她。大概我的回信她還沒有接到，我就又收到了她的信，告訴我陸君仁已經瘋了，已送到屏東養生精神病院去治療。因為他逢人就問：「你知道閔汶在那裏麼？」他在由台北到高雄的火車上，一輛車廂一輛車廂的問，每一個乘客他都問。被鐵路警察和憲兵護送他下車，叫了一輛計程車，專程照著他身份證上的地址，把他送回屏東。起先，有兩個同事陪著他，可是他並不肯留在屋裏，他非要出去，到人多的街市上，去逢人就問：「你知道閔汶在那裏麼」不可。實在沒有辦法，祇得把他送到精神病院去。雖然關在精神病院裏，他嘴裏還是不停的在問「你知道閔汶在那裏嗎？」現在，他們正在請教會幫忙把閔汶找回來。據說閔汶已經回到美國了。

「依你有宗教信仰的人看來，」梁芸在信上問我，「閔汶是一個天使呢？還是一個魔鬼呢？」

直到現在，我都沒有回答梁芸的這個問題。實際上，祇要一句話就可回答了梁芸，「閔汶既不是天使，也不是魔鬼，她是人；人就是人。人如果能把握住自己向好的一面去做去，就是天使；如果不能，就是魔鬼。每個人都有其天使的形象，也有其魔鬼的形象。具有天使與魔鬼兩種形象的動物，就是人。」

尤其是男女間的事，往往不能以常理推測，更無法以常理論之。當我們論及——特別是指責一雙男女的不正常關係的時候，總是站在倫理與道德的立場。像閔汶之與陸君仁，如果陸君仁沒有結婚，當閔汶這樣雙目失明的回來，他還照舊像往常一樣的愛她，準會贏來一部份人的讚美。（必然還會有一部份人討厭這種男人。）他已經結了婚，再這樣回頭去愛一個和他離過婚的妻子，自有違倫常。光憑這一點，就夠被人議論的了，何況他又愛得那麼如瘋如狂？當年離婚時，沒有使他發瘋，如今結了婚，又有了兩個孩子，閔汶又已雙目失明，出走不過數日，竟居然使他神經錯亂，想來真是無從解釋。總而言之，男女之間，存有一種無法令外人尋得解答的神秘。

玉理要我到屏東去看看發了瘋的陸君仁。我則認為無補於實際，他要見到的是閔汶，除了讓閔汶回到他身邊之後，任誰也無法使他的病痊癒。我想，教會方面一定會幫助金子的。它們總不能拯救了另一個而不管這一個。當他們知道因了閔汶的出走，竟使陸君仁進了精神病院，縱使閔汶已回到美國，也應該讓他回來一趟的吧？我也想到，這事在教會方面，必也是一件扎手的問題。按教會的會規，絕不會允許閔汶再回轉頭來介入陸君仁的生活，除了閔汶願意放棄她已經信仰的宗教，仍舊回到她從前的無神論。可是，也必須得陸君仁現在的太太陳錦玲不加干預。就這樣，這三個人以及這三個人的兒女，也得不時的去忍受著社會上的閒言與白眼。就是現在這種情形吧，我敢說美利在學校中曾會受到影響。教友在遇到困難的問題而無法解決時，就會去求救於他教堂中的牧師或神父。在天主教方面，更有一種辦「告解」的規定。教友們一旦做錯了事，或在心情上遭遇到困惑，就會去向神父辦「告解」，把心頭不可告人的秘密，告訴神父。神父除了會代表天主說「赦了你所犯的罪。下次不要犯罪了！」像這些什麼的，或者按罪的輕重，罰他補贖。更會指示辦告解的教友，應如何如何？倘使粱芸來信說的，閔汶是因為懷孕才不得不出走是正確的，那一定是教會方面的協助，協助閔汶脫離了金子的感情糾纏，自是最適當的途徑，她們決沒有想到金子會因閔汶的出走發瘋吧？我委實無法推測這本小說的未來發展。

但，自從得知閔汶出走之後，穿著那襲雪白長睡袍腰繫米黃色絲繩的閔汶形象，便一直顯現在我的眼簾。因為她那打扮使我聯想十餘年前，第一次接到閔汶的電話時，闖進屋中的那隻受傷的白鴿。後來，我從會客室出來，正遇見那隻白鴿鳴著鴿哨，像一顆流星那樣疾速地在夕陽染紅的天空中飛去。我知道那白鴿有一個歸宿——那農家的小樓；小樓上還有一幅白色的旗幟，在風中飄飄地招引著它們。有時，那養鴿人還拿起那面旗幟搖動著招引它們歸去。那麼，閔汶也是這樣嗎？她的歸宿是否正如金子的推想：「去了修道院嗎？」從上次在通化街見她，聽到她的談吐來作臆想，那修道院中的白色衣帽，對她確實有一種召引力。可是，她又為什麼要回到台灣來呢？何以還會想著要見到她過去不曾愛過的女兒？甚而連我這樣的朋友都希望再見一面？去做修女必須拋開塵世上的一切慾念，那麼，閔汶何嘗拋棄過塵世的慾念呢？也許她希望——她理想去過修女的生活，她想像著修女的生活適合她。而她內心中（更可以說是血液中）卻還殘餘著一己的慾望。說得更澈底些，她仍舊是一位不會也不願委曲自己的人。眼睛瞎了，阻礙了她的生活，當她在醫院中認識了一些修女們，就開始羨慕修女們的生活。我聽說，她一旦進了修道院，極可能連一年也修不下去的，儘管她的雙目失明。所以我不敢相信閔汶是進了修道院。

我每次上班，都要經過那個修道院，雖建築在大路邊，我卻從沒有見過那修道院的門打開過，除了偶爾看到屋頂上有三幾隻麻雀在跳躍，連炊煙都沒有。簡直連一點聲息都沒有。我決不能相信閔汶會在這種墳墓似的房屋裏修行。所以當陸君仁問我認不認識那修道院的院長時，我就這樣想。現在，我仍舊這樣想。

使我的感情負荷最重的，還是聽說陸君仁發了瘋，更使我不解的也是這個問題，比閔汶的出走更使我費解。儘管我知道一個朋友到瘋人院去探看一個發了瘋的人，除了徒添感情上的負荷，對病人委實無益。可是，如果不去看望一次，卻又不能心安。於是，我終於在那個星期六到了屏東。

我先到梁芸家。梁芸一看到我就說：「你來得正好。我正要寫信告訴你呢！閔汶去的地方已經打聽到了。」

使我關心的還是陸君仁的病。

「神經已經錯亂，」她說。「除了關在瘋人院有什麼辦法呢？連美利和陳錦玲都不認識了，一天到晚祇說那麼一句話：『你知道閔汶在那裏？』」又說「不知道再讓他見到閔汶會不會恢復神智。」

「那麼閔汶現在那裏？」

「在羅東。」梁芸說。「聽說住在羅東附近一個鄉村上。」

「已經見到了嗎？」

「還沒有。」她說。「金子的同學王永陪同美利和陳錦玲到羅東去找了。」

「從什麼地方打聽到的？」

「當然是教會方面。」

「她知道金子發瘋嗎？」

「我想教會方面的人，一定告訴了她。」

「那她就該自動的回來。」我說，「她總不能忍起心腸讓金子瘋下去。」

「據說她不願回來，」梁芸說。「所以陳錦玲才偕同美利去找她。去哀懇她回來。」

「當真像妳信上說的，閔汶懷了孕嗎？」

「大家都這樣說。」

聽梁芸的語氣，似乎又不敢確定她信上說的，閔汶因懷孕而出走的說法。因為她聽說閔汶已有了去處，而且還在台灣。也許不久就會再回到屏東來。她是不是懷了孕？傳說的真實性就有了明確的實證，自不能再亂加傳說了。世上許許多多的不同傳言，都是由於人們愛憑一己的聰明妄加揣測的。往往傳言在一段一段的傳遞中變質。人們就是一種最愛用一己的想像去粉飾傳說的動物。而我，不知為什麼，卻有一種希望閔汶不會符合了她們傳說的心理。

「傳說的事，未必可靠。」我說。

「是閔汶僱的下女傳說出來的。」梁芸說。

「我不是說這個。」我說。「我認為閔汶未必在羅東。」

「我也這樣想。」梁芸說。「我倒相信她去美國。」

「金子居然會發瘋，」我說，「我可沒有想到。」

「你見過陳錦玲沒有？」她問我。

「還是他們結婚那天我見過一次，瘦瘦地。」我說。我望著梁芸，不知她問我這話什麼意思。

「現在更瘦了。」梁芸說。「簡直一付排骨。才三十幾歲，看上去像四十幾。有肺病，就是脾氣好。閔汶多麼豐滿，雖然眼睛瞎了，那白嫩的皮膚，光光彩彩的水色，還不減當年。何況閔汶這次回來，過去的任性全沒有了。所以金子一見到她就舊情復燃，她突然出走，遂頓使金子的感情承受不起。你以為我這看法對嗎？」

我點點頭。我雖然沒有見過現在的陳錦玲，但我見過現在的閔汶，誠如梁芸所說，雖然眼瞎了，風韻卻仍不減當年。當我聽說陳錦玲變得更瘦又老，自也是促成金子重愛閔汶的原因。再說，金子始終沒有放棄過他對閔汶的愛，他之答應離婚，也完全出於他的愛閔汶，一旦閔汶又重新投入他的懷抱，必然比過去的愛情更狂熱。閔汶在他的愛之狂熱中，突然出走，當然使他感到損失太重了。

當晚，梁芸陪同我去看陸君仁，據醫生說正讓他在沉睡中。第二天上午我見到他的時間，神智似乎已恢復。看到我雖然發怔，好像認得是我。不過，眼神還是凝結著的，看起來像木偶的眼睛，轉起來也是眼珠轉眼神不轉。我們告訴他閔汶已答應回來，也似乎是聽到了，又似乎像是沒有聽到。但等我午後離開屏東時，據說陸君仁的病房門又得加上鎖。我不敢想閔汶真的回來——回到他身邊，他會不會恢復健康。縱然使他恢復健康，也必然步上悲劇的結尾。顯然地，這小說的情節演變到這種情況，悲劇的結尾業已形成了。試想，照他們當前的情況看，唯一的好辦法是讓他們一加二或二加一的共同生活下去。雖說，在當前社會上，一加二或二加一的家庭仍極普遍，像他們這種情形的一加二或二加一，卻還少見。在東方社會上，有兩種人一向被人輕視，在男人方面，是那種投降的將軍；在女人方面則是那種失貞的婦人。儘管現有人說，社會是一個笑貧不笑娼的時代，但降將與淫婦終沒有忠臣烈婦之受人讚頌。男女雙方縱屬兩相情願而重收覆水，說來也終非難事。加上還有一位後任的合法太太夾雜其間，情況自更多一分複雜。再說，雙方面都生有子女，縱然三個大人能忍讓相處，對孩子們也是一種損傷。據說閔汶走後，美利就不願再上學校，金子發瘋被送入瘋人院之後，美利就哭罵她母親是個魔鬼，怪她媽不該回來破壞她們的寧靜生活。要不然，金子和陳錦玲離婚。那麼，陳錦玲帶著兩個孩子又當如何？我無論如何想，這本小說無論走那條路向下發展，都是一個悲劇結尾。可是，我卻絕對沒有想到，這本小說的悲劇結尾，竟會悽慘到令我不忍再下筆，不忍再記述下去。

那天，從屏東歸來，我就展讀閔汶的日記（上次從台北帶回來的幾本。）還沒有讀完，便接到閔汶的長信。信上的第一句話，就使我知道悲劇已經發生了。

10.

閔汶的那封信，厚厚的一疊。當時，我以為是她寫的作品，後來才知道那是一封長信。其中有英文打字機寫的，也有用原子筆或吸水鋼筆寫的。顯然地，那不是一天寫成的。當我讀到信上的第一句話：「你收到這封信的時候，我已從人生的舞台上下場。」所以我沒有再向下讀，就趕著搭車去台北，因為信上寫著是由台北市通化街寄來的。我讀到這封信的時候，是上午十點。那時我根本沒有查看郵戳及發信日期，滿以為閔汶在通化街那間房子裏。我要急於趕到那裏，連玉理都沒有通知，祇在辦公室吱唔了一個理由，便請假離開新竹。我想，我可能在通化街遇見陳錦玲和美利，那麼，我就會幫助她們兩個勸說閔汶回屏東去。為了金子的病，我想她會答應的。一直不該想她已結束了自己。到了台北市通化街，那位太太打開門來一看是我，急促地說：「噢，先生，他們全到宜蘭去了。」

那位太太扳起一張嚴肅而沉痛的臉孔瞪著我。她手中還拿著一張晚報。彼此瞪了總有幾秒鐘。

「他們找到了閔小姐？」

「你不知道？」她說著想告訴我一些什麼，忽然想到手上的報紙，馬上把手上的晚報遞給了我。「你看，晚報上已經登出來了。」

我接過那張晚報，社會新聞版從頭條特號標題開始，幾乎是全版的報導。一看頭條特號大字標著：「演完中外悲喜劇　影劇明星暗下場」我就知道閔汶已不在人世了。沒往下看——雖然還有頭號字的副標題，寫明了閔汶的死因是誤食藥物，也沒有誘引我繼續看下去。遂把報紙從眼簾上拿下來。我黯然地低著頭，頭腦裏感到空空的。

「你不知道閔小姐死了？」她說。

「我以為她回美國去了。」

「死了兩天啦！」她說。「今早屏東來的人說可能是自殺。報上說是她眼睛看不見吃錯了藥。先生，你認為是怎麼死的？」

我沒有回答，把手上的報遞還給她。正準備離開那裏，並在想著我還能再作些什麼的時候，忽然聽到有人在說起我的名字，一扭頭，就看梁芸夫婦還有另外兩位我不認識的男士，向這面走來。梁芸夫婦和他們打了招面，就揚手給我打招呼，彼此的臉上，都堆滿了沉重的表情。

「你收到了我的信。」梁芸說。

我想答說「沒有」，但一想到還不便公開閔汶那封信。遂改口答說「是。」

於是幾個人沒有交談，祇彼此在眼神上交換了一個共同的感傷。我到了閔汶住過的那間小房，坐下之後，梁芸就小聲問我：「你看了今天的晚報嗎？」

「祇看了一個大標題。」我說。「剛才看到。」

「記者們還不知道金子進了瘋人院，」梁芸說。「我看瞞不住。」

「有什麼可瞞的，」梁芸的先生說。「反正已經抖落出來了。」

「問題是不能讓美利再受刺激；」那位胖胖的趙先生說。「所以我主張就在羅東火葬，不必再運到台北來舉行葬禮。不必為她鋪張。我想閔汶這個人，也決不是一位願意出死鋒頭的人。」

「要葬掉，還是越快越好。」那位周先生說。

「報紙上這麼大的新聞都出來了。」趙先生說，「是不是閔汶還有其他的親戚朋友或她父親的同事們干預。」

「不管它。」梁芸的先生說。「還是快些葬了，省得麻煩。馮先生，你看怎麼樣？」

我很想把閔汶的那封掛號信拿出來，因為她在信末提到她死後的事，於是我說，閔汶生前時常開玩笑地說：「我從虛無中來，我仍回到虛無中去。遺下的臭皮囊，火化成灰，任風吹去。」所以我說不鋪張她的葬禮，也是死者生前的希望。

正討論著，一位身穿白衣頭戴白帽的外國修女走進大門。周先生面衝門外，所以那位修女一進門來，他就看到了。忙說：「一個外國修女。」我扭過頭來，看到她已向我們這裏走來。我想她是到這裏來的。她走到門口，看到我們，就自我介紹的說：「我是詹姆姆。」看去不過四十多歲。我們打開門，讓她進來，可是她並沒有要進來的意思。

「我接到羅東打來的電話，」她說。「美利患急病，已住醫院。陳先生要我們通知你們，請你們趕快回羅東去。美利住在聖母醫院。」

「什麼病？」周先生問。

「他們沒有說。」她答。「電話說希望你們快回去。」

她的神情雖然很鎮靜，但仍能使人感到她趕來這裏通知一個電話的嚴重性。

「電話什麼時候打來的？」梁芸問。

「半小時光景。」她說，一邊用手帕擦汗。

「不要是？」周先生說。

「我們早晨到台北來，還好好的。」趙先生說。

「你們最好馬上回到羅東去。」那位詹姆姆說。「我還有別的事，不能陪您們。」說過她便轉身走了。

「昨天我到羅東一看到美利這孩子，我就有幾分耽心，」周先生說。「她太沉默了。」

「不該讓陳錦玲回去。」趙先生說。

「她家裏還有兩個孩子，」梁芸說：「不回去怎麼成。」

「不要責三怪四吧，」梁芸的先生說：「我們還是去羅東，最好僱一輛車去快一些。」

就這樣我們在晚飯邊到了羅東。可是，等我們到了醫院，美利已由病房移到了太平間。那可憐的孩子，把她母親遺留在那間小房中的所有藥片全吞服下去，還喝了一大瓶滴滴涕。等陪她的陳伯伯一個午覺醒來，發覺她服了毒，趕快送去到醫院，卻已回天乏術。

羅東沒有完善辦理殯儀的地方，連閔汶的遺體都還停在醫院的太平間。兩張屍床上覆蓋著白色的褥單，棱出來的人體輪廓，像兩方石膏的浮雕。那位陳先生哭得最傷心，他想把疏忽的責任從淚水中流洩去，隨哭聲在風中散去。他蹲在太平間的門口，哭得直不起腰來。我們這幾個人也一個個直嗤哼鼻子，直擤鼻涕，直嘆氣，梁芸沒敢隨我們到那裏去。我沒敢隨周、趙二位去瞻仰她母女的遺容。我要保存著她們生前的聲容。那時，我在想她們現在在什麼地方？人死後是否還有沒有靈魂的存在？倘使她們鑽不進到天堂的那扇窄門，是否非淪入地獄不可？人死後靈魂去的地方，是否祇有天堂與地獄兩個世界？是否還有另一個世界呢？如按基督的教義說，自殺者是不能進入天堂的。那麼，倘使人死後祇有天堂與地獄兩個地方可去——不是上天堂就是下地獄，她們母女豈不是必在地獄無疑呢？如照佛家說，天堂與地獄都不是像地球一樣的一個平面的地方。其實地球也不是平面的，生活在地球上的人，也有天堂與地獄之分。天有三十三天，人到了天上（所謂西天）要按人們各人在人生中修得的德行變到某一等天上去。地獄有十八層，也要按人們各人在人生中所作的惡行一層層打下地獄，然後，再按各人在各等的天堂各層的地獄中，重修的品德予以升降。如果佛家說的天堂地獄與耶穌說的天堂地獄是同一個冥冥之世，在地獄中的人，仍有其上升到天堂的希望。生活在希望中的人是快樂的——雖吃苦也是快樂的。人之願意吃苦，正因為他們有個希望，人如沒有了希望，他們就不願意去吃苦了。人死後的靈魂，是否也和人生一樣呢？果爾，則人死後縱下地獄受苦，還是有希望的——他們希望從地獄中走出來。突然，我看到那兩方白色的物體在飄飄地飛起飛起，像兩片出岫的白雲，像兩縷從水中沸出的輕煙，像兩隻穿入白雲的白鴿。……，像兩位升上天堂的天使。……當然，那是微風吹拂著搭到床下的褥單布邊之飄動，給我的幻覺。

之後，我陪同他們到了閔汶住的那個地方。那是兩間平房，面臨滔滔奔騰的溪水背後，是一叢濃密的竹林，那裏，一共也不過三、五人家，四周全是水田，才插上不久的旱禾，夜色裏的明明閃閃，在水田中影影飄搖。距離市區也不過兩里之遙。那地方雖然祇是兩間村舍——看去是兩間才蓋成不久的磚瓦平房。外面的一間是起坐間，擺有四把藤椅和茶几，還有一張帆布床；那是美利來後增設的。裏面的一間是閔汶修行的地方，一張床，一張桌，一隻櫥，兩張方形的靠背椅。桌上還擺著打字機，還有一些盲人用手摸點閱讀的書籍。從房屋的陳設上看，我們可以想像到她是多麼希望活下去啊！可是，美利和陳錦玲尋來了。當她知道她們必須求她回去——為了要把金子從癲狂的世界中拖回來，必須求她回到他們一家人身邊不可的時候，閔汶曾痛苦地喊：「天啊！你為什麼要這麼逼我。難道，這就是你給我的懲罰嗎！好吧，我回去。主啊！既然你要我去到那個生活環境中，每時每刻都得忍受人生的折磨，我就去忍受那些折磨吧！那究竟是你的安排？還是魔鬼的捉弄？如果是魔鬼的捉弄，你應該拯救我，我信靠你。主啊！我信靠你！」

說是據那位照顧閔汶的婦人說，那天，她曾跪在房中不停的默禱了半日，連午飯都沒有吃，終於決定了要她們到她的住處來。當晚，她留下美利同住，應允第二天隨同她們返回屏東。在第二天早晨，等美利起床，久久不見她母親開門，敲門也不應的時候，幫她把門撬開，而閔汶已經奄奄一息。……他們認為不該在閔汶死後，還讓美利住在這裏。

「她非要住在這裏不可。」那位陳先生說。周先生也補充著說：「那孩子的個性一向強，在那種哀傷的情形之下，誰肯拗她的意思呢！怎麼也不會想到這孩子會出此下策。」

「正因為她的個性強，」梁芸說。「金子發瘋之後，這孩子的情緒就已經不正常了。報上再這麼一宣騰，叫這孩子怎樣有臉去作人呢！」

由於美利的意外事件的發生，使那幾位來為閔汶處理後事的人們陷入困惱。他們誰也不敢擅作主張。後來，他們終於決定把這母女的遺體運回屏東。當然，他們就分頭去向有關機關辦理各種手續。我陪梁芸搭夜車返回台北。夜車很空，一輛車廂中也不過三幾位乘客。在車上，梁芸就一再的問我：「這悲劇是誰造成的呢？」我無法回答，也無從回答。

「我認為美利死於社會新聞的刀上。」梁芸說。

「社會新聞是怎樣形成的呢？」

梁芸看了我一眼，「你認為閔汶是罪魁禍首？」

「我不是那種意思，」我說。「社會新聞就代表了人類社會的另一面。」於是我說出我的看法。因為人具有獸性的一面，所以人一面在衣冠和善於表面的掩飾之下，去從事獸性的行為。任何人都不能把他們的獸性一面揭開來公開顯示。一旦被公開顯示出來，都會使他們羞於見人。我們中國人有隱惡揚善的美德，可是人類卻最愛探尋別人的隱私，最愛宣揚別人的暗處。社會新聞就基於這種人類心理上的病態而產生。

「耶穌對眾人說：『你們要努力進窄門。』那就是說，人們必須把所有獸性的慾念全部剷除，只餘下一個狹隘地人性形像。才准許人們從那扇窄門進入天堂。獸性在人類心理上，是一個長有著千頭萬臂的魔王，那傢伙，巴不得把世界上所有的一切都歸屬於他。像這麼一個龐大的東西，如何能擠進那窄門。」

「你扯得太遠，」梁芸說。「你扯得不著邊際。」

「我這些話還是從閔汶說起。」我說。「我知道閔汶確在努力想進那扇窄門。可是她的努力失敗了。」我說著打開我抱在膝上的手提包，「她的信說得很詳細。」

我把那一大疊信紙取出拿給梁芸。「我們不能把這封信公開出去。」我說。「這封信等於是閔汶的遺書。」

「寫了這麼多？」她驚訝著。

直到台北，梁芸才草草把閔汶的那封信看完。我一直在思索著這個悲劇的責任應由誰來負。雖說，造成金子的瘋癲，美利的自殺，全由於閔汶的歸來。她不回來，這一家人不是過得很平靜嗎？可是，閔汶的歸來，是由於她懺悔了她已往的不是，像她那麼一個失去了雙目而又身在異國的人，想回來見見她的親生骨肉，本是天理常情，而她回來之後，竟陷入了另一條感情的沉淵。於是，悲劇形成了。這悲劇決不是閔汶願意的。世界上沒有任何人願意在人生舞台上情願擔當悲劇的角色。請看閔汶的信：

馮聰：

當你接到我這封信的時候，我已到遙遠的一個不可知的世界去了。

我已盡了最大的努力。我的努力不是爲了要擠進那扇窄門，而是努力的想由罪惡的深淵中爬上岸來。仁慈的上帝，一次又一次的伸出他援救我的大手，我總是解不開那繫在我腳跟上的太多的慾念之索。在支加哥的時候，當她們接受了我的要求，准許我到修院修道的時候，我卻突然想到要回來看看我的女兒之後再進修院。就這一念之差，修院不再接受我的要求了。不知是受了魔鬼的挑撥？還是受了命運的驅使？那時，我要回來的意念，像火似的在心頭燃燒著，燒得我的神志時時刻刻都在沸騰著。一位對我關懷最深的史東姆姆，一再勸我打消歸國的念頭。偏偏地美利回信說她並不厭棄我這位母親。這樣一來，我是非堅決回來不可了。

回來之後，萬沒想到金子一家人都對我那麼好，因而益發的把我過去對他所有懺悔的感情勾起。人總歸是人，終於，一件新的罪惡又發生了。事情發生之後，我由屏東遷去潮州，怎想到那罪惡的種子竟在我肉體上發芽。於是我再從潮州悄悄的躲到那樣一個僻靜的角落，雖不會被人尋到，但魔鬼——更可以說是命運，它竟運用了另一惡劣的手段來捉弄我，它讓金子瘋癲來威脅我。

我曾前前後後的想到，我無法再回到屏東去，縱然金子全家人都能容忍我們在一起共同生活下去，社會能容忍嗎？我曾計劃赴美，而我卻希望等待他們都平靜的生活下去之後再離台，想不到我離去幾天，他們的生活就捲起了波濤。金子何以會如此？怎會如此？（這裏有一句重疊到下一行去了，看不清楚。）

（這一句和上一行重疊到一起了，看得出是「我祇有一條路好走。」）當他們知道我已不在這個世界上，也許就會死心了。美利已經長大，她一向不是靠母親長大的。我回來這幾個月，也沒有給她什麼，她反而給了我太多的孝心。我是多麼的想補償我過去的負欠，怎會想到我會越欠越多！我自己都不瞭解我何以會如此。祇有你才能瞭解——才能追究出這個錯誤應由誰負？

我努力過了，加倍地努力過了。我努力的並不是想擠上那道窄門。我祇求心靈上的平靜。「負」是最痛苦的一件事了；沒有比負欠再使心靈不安的了。老實說，我之想回到台灣來，何嘗不是想卸下一些心靈上的負欠呢？難道這動機是錯的嗎？

主啊！爲什麼這樣虐待我？

主啊！我實在承受不起了！

也許這是上帝給我的考驗。當我應允讓美利與他們到我這僻靜的地方來，我還曾想到隨同她們回去，去接受未來的懲罰。可是，當我想到去接受社會懲罰的不是我，而且，受到懲罰最大最多的人不是我，因爲我看不見，我生活的圈子小，也不易聽到別人的議論。那麼，代我這罪人受到懲罰最多的，則是那幾個無辜者，美利和陳錦玲甚至她的兩個孩子。您想，這條路我能選嗎？除了這條路，那我祇有硬起心腸不理他們，或者是一走了之。逃回美國，忘記了他們，忘記了過去的一切。修道院的生活，就是養成你忘記過去的一切，把全心志都放在崇敬天主這一件事上面的。可是，我試探過了，試探過多次了，我竟做不到。在我眼未失明之前，我從來都沒有想到過去的事。過去的一切人一切事，祇有在我想到要去在那些人那些事上重尋到我需要的歡樂時，我才會想到，想到他們的時候，也祇是那麼一閃而過。我的思想總是往前奔，往前飛奔，極少往回想。到了我的眼睛日漸失明時，我的思想就總是往回想。當我往回頭的生活上憶想時，才發覺我過去犯過的罪惡太多了。雖說，我皈依了天主教，我曾向上主悔改過了，可是，我仍舊不能卸除我心靈上的負欠。所以我知道我走不了，無論走到那裏——無論走多遠，我也無法不想到金子的瘋癲，無法不想到美利她們遠遠的從南部趕來，到處打聽，到處哀求，我如何能硬起心腸來走？那麼，除了死我還有那條兩全其美的路可走？

不要說人，就是一隻野生動物，不被逼到絕路的懸崖上，誰也不會去跳進那死亡的黑色深淵。我寧可相信有地獄的存在，相信人死後在上主面前去接受最後審判，我寧可被打入地獄，在地獄中我還有超生的希望，爲希望受苦也是應分的。如果另一個世界眞的連天堂與地獄都無有，人死後只是一片黑色的虛無，我也祇有跳入那黑色的虛無。我早就明白了，人類的世界是一個我你他的社會，人要委屈自己的小我去適應別人，才能快樂的生活。人類是一個倫理的社會，必須嚴格的遵守著倫理的秩序才能快樂的生活。可是，上主創造我們的時候，又爲什麼要給我們帶來原罪？要我們去犯罪呢？她既然給人類寫下了那多的戒律，又爲什麼還要給人們自由意志？難道祂特意這樣去考驗人的等級嗎？

我不知人類生理上的獸性本能是否也是上帝賦予的？爲什麼要讓人類的這種本能和禽獸無異？是否由於祂給了人類靈性，讓智慧去管理自己？世上，有多少人在運用靈性去管理他們的本能不步入禽獸之域？

現在，我寧可相信我們中國人的古語：「人死如燈熄。」死了，一切都不存在了。一切死後的世界——天堂呀，地獄呀，無非是導人爲善不要作惡的誘力與嚇阻。……

噢，我不談這些了，總之，人要去死，必有其不得已！當一個人想到要去死的時候，除了想到他不得不去死之外，怎的還會想到死後存不存在的問題？我之想到了這些，你準能想到我是多麼的不願意去死，可是，死神總是追迫著我，他非逼我離開這世界不可。好像冥冥中有著安排，說來這又是宿命論了。

這幾個月來，我已盡了最大的努力，下面寫的那些，就是我在掙扎中的痛苦記載。你看過之後，必能諒解我的死並不是因爲怯懦，而是我已走到人生的盡頭，非向那死亡的黑色深淵跳下去不可。如果眞有神的話，他也會寬恕我的。而我這時卻相信人死後，縱有靈魂也像沸水中裊起的煙氣一樣，轉眼間便消失在大氣中。肉體也終將返歸塵土，人生就是這樣一個結局。不必爲我悲，我是認眞的生活過了。

我知道現在去死多麼不是時候，可是，我怎麼可以等到明天，我又怎麼可以隨同他們重回屏東。所以，我也顧不得美利如何悲傷或咀咒我，我是決定這樣離去了。這時，我萬分的後悔我多貪生了一些日子。這是命運的捉弄嗎？爲什麼要捉弄了這一大夥人！全部責任都是由於我的歸來。……

唉！除了死，我無路可走！除了死，我無路可走！別的，再也不容許我去選擇了。你認爲我是死於命運呢？還是死於自己的生活錯誤？我悔改過了！可是，我悔改不止一次了！而我爲什麼老是不能從罪淵中走出來？爲什麼，在我心中有了神的信仰時，還會去犯罪？你看我這幾個月來的掙扎吧！沒有時間讓我感慨萬千的寫下去了。我的所有遺物，除了那櫃子裏面的書籍等由你處理之外，全部留給我的女兒美利。好，我走了。果眞人死後靈魂還存在，我們還有再見的機會，不過，到那時，你在天堂享樂，我在硫磺火湖受苦，還是天各一方。想來，不勝感然！　汶留

那天到台北已經很晚。我相信梁芸在車上映著那黯淡的燈光，衝著那些潦草而又不時重疊到一起去的字跡，並沒有完全看清楚——並沒有看得很仔細。尤其那一大疊類似日記的記述，有的用英文打字，有的用原子筆，有的一張紙上寫上兩行，有的紙上則寫得滿滿的。既沒有日期，也沒有頭緒，祇是一些斷想。是她在隨時想到隨時記錄下來的。在車上，她曾說：「我同情她；也不同情她。」

當車將到台北時，梁芸把那一疊東西交還給了我。

「我同情她是個女人，」梁芸又補充說。「我不同情她的作為。」

「人就是人，」我說。「人是有感情的動物。這一次鑄成了這樣大的錯誤，正因為感情這樣東西害了她；也害了另外一些人。」

「我不是這樣的看法。」梁芸說。「一切錯誤都由於她太重視情慾。」

「可以說過去是如此，」我說。「這一次則不然。」

「以我看這次更是如此，」梁芸說。「她不該再和金子重燃舊情。」

「妳沒有看到她寫的那夜發生事的情形嗎？」

「我不要看。」她說。「她根本不該回來。絕對不該發生那種事。」

我知道她一定沒有讀完那些，閔汶記述的那個夜，她也沒有看。同時，她一向對閔汶持有成見，遂也不敢再說我的看法了。再說，馬上就要下車，也不是辯論話題論人論事的時候，於是便沒有再繼續說下去。

下了車，我送她到她預先決定去的王太太家。我在博愛路的西湖旅社開了一間房，整夜沒有入睡，我在反覆的思索著這些事故發生的責任。我尋不出誰是鑄成這場悲劇的罪魁禍首。以前的事，我已寫在前面了。那麼，我再把閔汶的那一疊記述，擇要的錄在這裏，你們認為這是誰的錯呢？

我怎的會犯了這大的錯誤！在我的眼睛未失明之前，可從來沒有想過——從來不會想到這是一個錯誤。如今，爲什麼我偏會想到這是一個大的錯誤？噢，我從前並不是不知道那是一個錯誤，也不是沒有想到那是一個錯誤，而是我的任性性格不願考慮那是不是一個錯誤？因爲我想要我就要。起先，我總以爲我們的社會太古老，太守舊，太東方，以爲西方的社會是開明的，自由的，特別是男女社交，當街接吻也是家常便飯。當我一旦進入西方社會，才發現大多數的西方人比我們中國人還要保守，在那裏享受到的自由限度比我們在中國享受的還少。他們的道德標準，並不弱於我們中國。男女犯姦淫最爲人唾棄。我漸漸地醒悟過來了。可是，人心總是險惡的，險惡的像是一個個被掩蔽起來的陷阱，因而我一次次跌進去。好在世上的男人對女人的要求不苛，他們祇要你依順了他就成了，所以我至今還活著。當我領悟到我以往的種種儘屬罪惡的時候——我可沒有想到那是宗教家說的罪惡，我想到那些完全是不光明的事，全是不能當著眾人當作榮譽宣布的事——我才開始有了不安的感受。

噢，從前我也有過不安，不是沒有，不過那不安的發生是在聽到別人的竊竊私語，或看到別人的特殊眼光時，會頓然浮起那種不安的感覺。不像現在，時時都不安地回想到以往犯過的那些錯誤。雖說我一次又一次的向神父辦理告解，也一次又一次唸經補贖，而我總是洗不去那心頭的不安。我時常聽到西方人罵人用「上帝責罰你」這句口頭禪，像我這種不安的心情，就可以說是受到上帝責罰的那種罪罰。但，儘管如此，我還是無有洗淨我的罪惡意念。宗教家把人類犯的罪分爲「原罪」及「本罪」兩種，我不知我犯的這種罪，是原罪還是本罪？還是原罪本罪併在一起的罪。神啊！那夜，我是多麼需要瞭解啊！

雖說我自失明後，已無日夜之分，但在我心理上，夜還是夜。我從聲音中分得清清楚楚。縱使白天我孤處那斗室，也體味到那是白天。一個瞎了眼的人，聽覺特別靈敏，不要說是在靜靜的夜晚，就是在煩囂的白天，我也能諦聽到斗室內外的動靜。特別是足音。房東是農家，一個寡母帶著兩個兒子一個兒媳一個女兒成天忙碌的耕作。他們每一個人的歡笑言談我都聽得出。不到一個月，只要他們任何一人的腳步一踏進小院，我就聽出是他們家那一個。因此，他們家的兒媳及女兒，常常躡手躡腳的走進來考我。

有一天，他們有三個人站在我住的房門口，那女孩子問我：「閔小姐，妳猜妳門外有幾個人？」我仔細聽了一下，就答說是「三個人」。當她問是那三個？我就答說是她們姑嫂和兄弟。實則，我並沒有聽到他們的腳步聲，那天我在打字，我在靜心注意打字機上的嘭嘭聲。可是，當我聽到那女孩子問我，我便靜下心來諦聽，我聽到了三個人在門口處沉濁呼吸聲。我之所以知道是他們三個，正因爲他們三個常常和我來談笑，他的母親不大會說國語，他家的老大在那時候沒有時間來參加他們向我作耍。所以一猜就著。從此，他們便說我比一個有眼睛的人還要精靈。

誰想，我這能聽得出腳步聲和呼吸聲的精靈盲人，竟在一個雨聲淅瀝的夜中落入一個滾熱的水塘。

那夜，經過半晚的細雨，已把暑熱消煞，金子的小女兒出痲疹，美利回家去幫她母親招管小妹妹去了。我得到了一個沉靜的雨夜。金子每晚總來一次，雖說他來一次總要待上數小時，甚至半夜才走，卻極少向我談說什麼。我祇是從他的鎮靜中，知道他還在我房裏，有時在外間，有時在裏間。起先，我總是要他去作自己的事去，不要老是來我這裏。所以他的來去，往往在我不知不覺中，有時我在凝思中，才能從腳步聲上聽到他來了。有時美利在我那裏，就會催他早點離開。他來我那裏雖一坐就是數小時，除了一本本的看那些武俠小說和三國演義什麼書之外，要不就是沉沉地坐在那裏不說話，光發呆。這些都是美利回答我的。漸漸地，我如聽不到他來，就像缺少了一點兒什麼，就覺得我那房子異常空虛，心也異常空虛。

習慣是個最害人的大騙子，你一旦對某事成了習慣，錯的也會當成對的。在我心理上，既然有了希望他們不聲不響的坐在我房中的習慣心情——更可以說是一種心理上的需要。因而我時常靜下一會兒聽聽，聽聽我房中是否還有那麼一個人存在。有時美利坐在我身旁準備她的功課，而我知道金子來了。許久聽不到他的動靜，也會悄悄地伸手去摸到美利時，低聲輕問：「妳爸爸走了嗎？」她就會告訴我，他正在做什麼——或說「沒有，他在看書；他已坐在椅子上睡著了。」如果答說他已經走了，我的心情就會頓時空虛起來，空虛得像搬空的一幢房屋。

那夜，從晚飯開始，細雨就一陣陣淅瀝的落著，由於那天天氣涼爽，我想在打字機畔多做些事，大概天黑不久，我就告訴房東家的那個女孩子——她照管我，要她去做自己的事好了，我說我要關起門來做點事情，希望沒有別人吵我。於是，她爲我把茶水等等準備好，便沒有再來打擾我。可是，我怎樣也無法靜下心來把應做的事做下去，我的心總是在諦聽著外面那間房子中的動靜，總覺得金子坐在外面，總覺得他應該坐在外面。實際上，是我的心理希望他坐在外面。他在我心中的形象，還是當年在律師面前，在那三張離婚書上簽字的那個樣子。那天，他準時到達王律師的事務所，比我還早到。他那張沒有表情的臉，我死後也不會忘記。覥腆地把頭低了下去，我說：「嘿！你倒先來了。」他也沒有講話，慢呑呑地站起身來。王律師見我們兩個都來了，就說：「我這位律師是最不願意替人家辦理離婚的。我看你們二位還是算了吧！人生很短促的。一愰就過了，夫妻們相互遷讓一下，任何不投契的事也可以互相諒解。」那時，我看到他扭過臉來，投給我一副企求的眼光。那時，那眼光竟使我加強了厭惡，遂馬上向律師堅定的說：「謝謝王律師的好意，可是夫妻每天在一起生活，不能情投意合，怎樣可以繼續下去。他不願離我也不再跟他在一起生活下去。」我記得王律師曾把眼神投向他。他沒等王律師回話，就慨然地回答：「凡是她願意做的，我都答應她。」王律師又看看我，我說：「我沒有可挽回的餘地。」王律師說：「那就請你們簽字吧！」王律師請他先簽。我看到他拿起筆來的時候，手在顫抖。在簽字的時候，筆好像從他手指間要掉落下來。我眞是不能忘記他簽在離婚書上的那三個已經大大變了體的「陸君仁」三字。在他簽字的時候，我曾有幾分悔意，所以我簽字的時候，手也有些兒顫抖。心裏曾在想到我是對不起他的。想不到那時候的這麼一粒種子，在今天竟長成了一株大樹。這些，都是促成我這時之時時想到他最好會在我身畔的心理。

記得那位朋友向我說過，人生中最大的痛苦，是良心上的負疚，現在，我眞眞實實地感受到了。我對於金子的心理，或許是基乎此吧。神父和姆姆們都勸我要堅定其信心，就是現在，我的感情脆弱的時候，要記著上主的戒律，多誦幾遍聖母經，解罪經。我想，他們也在爲我耽心吧！誰想，人在感情洶湧時，一切信仰都會對它無效，就像海洋中的波濤，一旦洶湧起來，誰也無法把它平息下來一樣。啊！那夜，我愈在靜中，思想的波濤愈是洶湧。起先，我祗是像往常一樣，希冀著我房內有我希冀著那個人物存在就滿足了。可是這天夜晚，卻怎麼也不能平息下我心理上的或者是生理上的需求，也許是我以爲他不在我房裏，才是那麼的感到空虛，那麼感到需要吧。數年以來，祗有那晚我才又重新反回到我當年的那種野性性格中來。當我坐在打字機前，無法把手指打到字鍵上，而自己心裏又知道自己的心已紊亂得無法控制自己，所以才特別的想著他。想著他最好在我房中，靜靜地無聲無息的坐在椅子中讀他帶來的一本本武俠小說，悄悄地玩他的紙牌遊戲，或是靜靜地仰在椅上睡去。可是，我偏偏地知道他不在我房中，我知道他的小女兒在生痲疹。知道他這晚不會來我那裏了，所以才特別的希望著他來，他在。

心靈上越是感到空虛，生理上越是感到需要。那種不適是尋不出形容詞的，似乎也不完全是煩躁，也不完全是慵懶，像是在生病，但似乎比生病還要難過。身上所有的骨節都像在解體——慢慢在解體。有如浸在水中的泥人兒在慢慢被水溶化似的。又像一個走了氣的膠紙玩具，在漸漸軟癱下去。於是我默誦晚課的感謝經「感謝吾主天主，疪佑我一日平善，幸不犯罪；賜我今夜生命，浩大恩德。我今求主，使我今夜勿迷惑顚仆。不幸得罪，顚仆於地，主速救我，俾知痛悔改過，專心憶主。賜我聖寵，恆存於心，我心已足，不圖外物。主原教我，心毋忘思，意毋忘動，惟使我憶主愛主，至死格遵規戒。亞孟。」這是我前年在支加哥住院時，姆姆們教我唸誦的晚課。可是我無論怎樣一遍又一遍的默誦，也無法使那癱瘓了的身體在水中站起。也無法使我那走了氣而軟癱下的身體重新充滿了精神。我用手數捻著我項間的唸珠，我默唸玫瑰經，但，無論如何，我也無法使自己的那種無法形容出的不安消失。

起先，我還能默誦出一篇篇完整的經句，漸漸的我竟不能把上句接到下句。從前，聽人說守寡的寡婦穿九連環，來平定心理與生理的不平衡。有一齣戲，一個寡居的女店主，半夜三更去叩敲她店中的少年住客的房門。那少年君子明白了她的來意之後，從窗中撒出大把制錢，要她在黑暗中把地上的錢全部撿起之後，再爲她開門。可是，我能作什麼呢？

窗外，雨聲淅瀝，我知道房東一家人全睡了。縱然他們還沒睡，在這種心情之下，我能要求他們誰來爲我做些什麼呢？除了默禱，我不知道我還能做些什麼？我摸向外房，打算在那張竹椅上躺上一會兒。也許會把心情靜下來。不想一走出房門，就感到外房中的空氣有些異樣，一股煙香刺激著我的嗅覺，我忍不住停住腳步，那時，我的心情振奮而忐忑，因爲，我頓時想到，莫非金子還坐在這裏？我嗤嗤鼻子，頓時在嗅覺中又嗅到了男人的腦腥味兒。於是我不由自主的——甚且是本能的問：「誰在這裏？」

「我。」他回答。那聲音就在我面前，他答話時噴出的熱氣，都吹襲到我臉上。

我無法寫出我當時聽到他答說是「我」時的那種驚詫與希望，恰像一個漂流在荒島上的人，在焦渴與盼望中發現到一艘駛來的船那樣。不過，心頭仍有一分恐懼。恐懼什麼呢？那是無從解說的。所以，我聽到他回答後，我手扶著門框半晌都沒有出聲。但我可以想像得到，那時我的臉上，除了顯現出驚詫的神色，還滿堆著像得到盼望中的東西的那種歡喜，祇不過兩秒鐘吧，我的手臂上，便束起一樣東西，緊緊地箍在我的手臂上，有熱騰騰的液體，不，是氣體，急遽地從那箍在我手臂處的箍箍上流洩到我體內。那不是可以吹起那軟癱的膠紙玩具的氣體，或是可以重新把那泥污了的泥人，加以重漆的液體，而是另一種化學成分，它使我欲起欲伏。當我猛可的有了這種感覺時，另一隻扶在門框上的手，也落在另一個箍箍中了。我似乎像是已經羽化，覺得我的腳已不在地上，像是飛昇到空中，我生怕從空中跌下地來，所以我雙臂緊護著一個體積，像藤蘿緊攀著一株大樹的幹。我突然覺得我又被送入手術室，被放在手術台上，我的耳朵又聽到那些鉗子在響，又好像我的骨節在響，渾身都在酥麻，酥麻！啊！我意識著我正在麻醉藥中被支解。恐懼使我把我所能攀到的腿，全都攀纏上去。我多麼的怕啊！我多麼的怕會從那體積上掉落下來啊！我不知我那時已在第幾層天上，是佛家說的最高的那層三十三天吧。我是多麼希望能永生永世都在那層天上啊！因而我極力地向那體積上攀，攀，攀，用盡我的氣力向那體積上攀，攀，攀，——。

漸漸地，我失去了攀緣的能力。我覺得我已被支解成片片斷斷，也許是被野物的銳牙利爪撕扯成碎肉。似乎衹剩下一絲絲的靈魂在喘息，在哭泣！漸漸地，我覺得那體積離開了我，我那時是多麼的想抓住它啊！可是，我已無能爲力，完全無能爲力。好像我的一切都被那體積上散發出來的熱焚化。我衹剩下一些灰而已。

你可以想像到那在乾旱中，龜裂了的土地，突然接受了一陣狂驟的暴雨，它除了袒出整體去沐去喝外，簡直沒有別的分兒。您可以想像一個在麻醉劑中被手術過的病人，縱在麻醉劑的藥力漸漸失去，他的漸漸甦醒後的那一霎，他還是倦怠的。在生與死的那個迷離世界中迷離著。但我知道我已脫離了我緊緊攀箍著的那個體積。當時，我的聽覺曾經聽到房中的另一種動靜，像是醫生或護士爲我在擦拭創口，爲我在按摩那麻痺了的肢體，而我的神智雖已甦醒，可是，肢體還是棉軟的。那時，我還在慢慢的吸吮著——浸潤著那從天上傾瀉下來的雨水。我要把它們全部吸到心中，使之浸潤到我身體中的每一粒乾枯了的細胞中去。雖然我想喊——想輕輕地喊一聲；喊一聲他的名字，可是，我連張口的力量都沒有。那時，我浸潤在幸福裏——浸潤在人生的幸福裏。從前，我爲什麼沒有過這樣幸福的感覺？難道人的生理還有變化的時期嗎？

啊！從前總是在那些章回小說中談到什麼「久經滄海難爲水，除卻巫山不是雲」的句子，難道？……不，人人都不會記得那種幸福的滋味。人在這上面是最健忘的。這是上帝賦予人的本能吧！饑餓的人也不擇食，連皇帝在饑餓時也會把雜麵窩窩頭認作勝過海饈山珍。那麼，這是心理的吧。

人在幸福氤氳的滋潤裏，是最易入眠的。所以我不知不覺的竟沉沉睡去，等我一覺醒來，聽到窗外的小院裏，已有嬉笑聲，雖說我的眼已分不出晝夜，但每當陽光從窗外射進房裏，我還能感受到那種亮麗，所以我想，可能太陽已經出來了。雨已停了。

我從枕下拿出我的錶，它用聲響報告我已七點一刻了。過去，我已經起床了。也許房東家那位叫水花的姑娘已經進來過。我坐起身來，可是昨夜的夢還在我腦海中迴旋。突然，我覺得我是赤裸的，我用手摸摸我的胴體，除了裹在身體外面的一件毛毯之外，其他一無所有。頓時我發起慌來！從前，我對這，才不在乎呢，可是現在不同，我看不見別人，而我又怎願讓別人看到我。我坐在床上冷靜了一下，用手在床上摸索摸索，看看有沒有放著我換洗的衣服。床上沒有我需要的東西。這時，我突然感到憤慨，憤慨我像是被丟棄的一張開過獎的獎券。過去，他使我厭惡的地方，又重新展現了出來。我懊惱於昨夜的事，越想越懊惱，忍不住伸手把床頭茶几上的東西，全翻到了地上。熱水瓶、茶杯等等，劈哩叭啦地摔到地上。那摔破東西的聲音，驚動了院子中在做事的她們姑嫂，馬上就在窗外喊著說：「妳等一下，我們來啦！」不一會兒，他們就進來了。

在平常日子，如果美利沒有住在這裏，我總是把房門關上，第二天天早，他們等我摸索著出去，把房門打開，喊了一聲「水花！」水花才進來。昨晚，由於那個野獸樣的東西走後，祗是把房門爲我虛掩上就走，所以水花以爲我還沒有起床呢。聽到我打摔東西的聲音，才來敲門，才發現門沒有上拴，於是她們進來。

「妳怎麼不叫我們一聲？」水花說。

那時我已平躺在床上。我怎麼好說出眞情呢？

「我有些頭暈，」我說。「我一下床就差些兒暈倒了。我把水瓶全打破了吧？」

我覺得有一隻手放在我的額上。

「妳有點發燒，」是水花的嫂嫂說。我聽到水花在揀拾摔在地上的東西。我聽到她說我在發燒，也忍不住伸手摸摸自己的頭。我知道我沒有發燒。我知道我那時的頭有些發熱，是由於我的氣憤與懊惱。

「可能昨夜著了涼。」我說。「昨夜比平常日子涼快的多。雨不下了，是晴天嗎？」

「是大晴天。」她答。

「水花，請你把我的換洗衣服尋出給我，」我說。「我要穿那件黑旗袍。」

「我來找，」是她嫂嫂在說。

「妳們在院子裏作什麼?」我問。

「風穀子。」水花回答。

「水花有空陪我去潮州嗎?」我問。我準備去辦告解。

「什麼時候?」

「我穿妥衣服就去。」我説。

我洗了澡後,換上衣服就乘三輪車去潮州。水花她們爲我準備的早點我也沒有吃。我不餓,頭暈暈地,眞的像是在生病。水花和她嫂嫂還有她母親,關心地一再向我説,「還是先在屏東找個醫生來給妳看看吧!」她們以爲我眞的病了呢!我想,也許她們從我的神情上,猜想我那麼急要去潮州,可能有什麼事情。所以,我聽見她們在竊竊私語,是否她們知道昨晚金子曾留在我房中呢?他時常無聲無嗅的坐在我住房的外間,是她們習見的,我和他的關係,也是她們知道的。在三輪車上,水花就問我:「妳還喜不喜歡美利的爸爸!」我一時不知如何回答,想不到她會問這句話,難道她們知道了昨晚的事?遂反問她:「妳認爲我應不應該喜歡他?」

「我不知道。」她答。聲音帶有幾分少女的忸怩。實際上,那時候我心裏正氾濫著這個問題,彼此「應不應該的問題。」

「我看得出陸先生是非常非常喜歡妳的。」她說。

「我並不喜歡他。」我說。「妳總聽説我和他早就離了婚。」

「那妳爲什麼又回到他們這裏來?」她問。正因爲她是一個不滿二十歲的孩子,所以才會發出這樣的問話。我想，這也正是他們背後議論我的話吧？

「妳知道美利是我的女兒嗎？」我說。「我是來看看我的女兒的。」

「我們知道。……」她說。似乎還想說句什麼，大概她知道怕說出來對我不雅，才不再說下去的吧。

「我不久就回美國去。」我說。「我在設法把美利帶去。」

「美利說她不去。」她說。「美利說她不想去外國。」

我的心像突然被刺上一刀似的，因爲我回國之後，第一次聽到有關美利對我的情形，難怪這些日子來，她漸漸的託詞不到我這兒來。難道，她已發現到她爸爸的行跡有幾分可疑嗎？於是，我益發地決心離開他們。

天哪！我怎會知道一個失足跌落在罪淵中的人，要想從那罪惡的深淵中爬上岸來，是多麼的困難啊！因爲，凡是那罪惡的深淵，並不是一個空無一物的黑色洞穴，其中到處都是魑魅魍魎，你一跌下去，它們便一個個抓住你。不，你一掉下去，就馬上變成了它們的同類，它們就不允許你離開它們。縱使爬上岸來，也不再是人的本像了。所以，我的身體雖然離開了屏東，可是，我知道我已非人的本像，我不祇是沒有了眼睛，在我心靈上，我慚愧著自己和別的女人大不相同。特別是跟修女們在一起，儘管我愛穿潔白的衣服，也無法掩蓋了我靈魂上的污點，所以我覺得我是一個滿身污穢的女人。雖說，我是一位失節不止百次或數百次的女人，我從前卻從來沒有像現在這樣的想法。從前，我祇有在人們論到道德問題時，也覺得自己並不是一個有道德的女人而頗感靦腆之外，並不覺得自己有多麼卑污，更不覺得自己不像個人。現在卻不同了，我總是覺得一個人應遵守人的教條，應在人的軌道上行駛。按說，我和金子本是夫妻，我們之間本存有公開的性關係，我們再發生性關係，又有何不可呢？但是人就是人，人要遵守人的秩序。現在，我和金子早已失去了夫妻的名分，而他又有了新的家庭，我們自不可以再重演夫妻的生活。

在人的社會上，除了法律關係，人最重視的是倫理關係。倘使我和金子、陳錦玲三人全同意共同生活，雖法律不得加以干預，也無法不讓輿論不在背地裏議論。甚而和朋友的離婚妻子結婚，社會上都有人會去議論這位朋友的不合道德標準。但，當一個人一旦失足——一旦做出了不合「人」所要求的道德標準之後，就等於跌入那罪惡的深淵，一切的魑魅魍魎都會攀附著你，迫使你非沉淪下去不可，非沉淪下去不可！

啊！我盡了多麼大的努力啊！可是，罪惡的種子居然在我肉體中成形。我一再躲避，那妖魔總是追逐著我不放鬆。我知道上主已拒絕了我；不，是我那被罪惡餵肥了的身體，無法進入那窄門。

無論我如何的想忘去我昨日以前的一切，總是不能。而且，我越是忘記它們，越是想它們——它們越是電影似的，一幕幕映現到我眼前來，眼雖然看不見了，而它看不見的只是當前的一切，祇是視覺所不能觸及的一切，凡其他觸覺所觸及的，都在我心眼上明晰地顯現出來。我想姆姆們一定看到我神情上的那種呆滯樣子，不時的向我說：「妳應該忘記過去。」可是，我總是忘不了過去。何況，當晚金子就來找我。那時，我就想到我除了死之外，沒有辦法把我的罪惡結束。但是，我仍舊努力地想從絕路上走回來。於是我跟金子作了一次懇談。雖然詳盡地說明了我必須離開他們的殘酷事實，而金子卻只有一句話，「妳不能躲開我們。」終於我要求他准許我在潮州靜養一些日子，讓彼此冷靜的反省反省。我們知道那是悔罪的時候，我們就不應再去犯罪了。可是，他仍舊每天來，每當有人告訴我「他又來了」的時候，我就想最好馬上死去。就這樣，我才決定離開潮州，來到這裏。原以爲………。

這以下雖然還有兩頁，但都由於她寫到這裏的時候，可能心情已極為混亂，重疊在一起的地方太多，只能辨認出片言半語，我無法為之整理了。

那天，從台北歸去，我就病了。嘔吐、發燒、倦怠，居然染上了急性肝炎。我不知是從羅東那家醫院感染來的，還是在台北住了一夜旅館感染來的。總之，病魔最擅於在你身心兩相交疲下去進攻你。那次，我住了近兩個月的醫院。有一個多月的時間，玉理沒有讓我看報，事實上我也沒有精神閱讀。那時，自己也極力在規勸著自己，不去思索那些雜亂的事。雖說時常陷入惡夢，但在意識清明時，仍舊阻止自己不去想那些，想來就使自己恐怖的事。人在病中，最容易去想到死亡了，所以我總是想到閔汶，就是睜著眼睛，也時時看到她穿著那襲雪似的睡袍形像。每在夢中我看到她時，我就問她死後所見到的，是一個怎樣的世界？她總是不答。向我怔凝著她那一雙盲眼睛，好像在說：「我看不見。」大概因為她的眼睛尋不到去路，在期待著我去為她領路似的。因而使我驚叫起來。醒後，我知道我還活著，我是多麼的不想去死啊！

「不要怕，家慧！不要怕，家慧！」我現在已記不起我大睜著眼睛驚叫過多少次。他們耽心我，也會陷入瘋癲呢？兩月後我竟痊癒了。

直到病癒出院，到現在，我都沒有再問起閔汶的事。使我感到納悶的是，在我病中，來探望我的同事和朋友極少，連病前過往較密的朋友也沒有見到。我恰像是犯了不名譽的罪刑被關在監牢中似的。除了玉理和我自己的孩子們，幾乎沒有人來探望我。出院後，才知道我的職務也免除了。一些相熟的人見了我，也像陌生人似的——比陌生人還陌生，陌生人還看我兩眼呢。現在才知道，那報導閔汶的社會新聞也提到了我。這事正可引用約翰福音第八章的一段記事，來說明人類的心理。說是有一天，法利賽人帶著一個正在行淫時被捉到的婦人來見耶穌，問該怎麼辦？按摩西的法律，應用石頭把她打死。耶穌說：「你們之中誰沒有犯過罪的，誰就可以用石頭打死她。」耶穌說過，就在地上劃十字。等他站起身來的時候，那一堆老老幼幼全走開去了。祇剩下那婦人。這是一千九百多年前的事。如果在今天，我敢保證，一定有不少人會躬下身去，拾起石頭來打那婦人。不這樣，便無法表示他們是無罪的。

我無法把這篇小說再寫下去了。我委實沒有想把閔汶的悲劇處理成一本小說。法國小說家**A**·紀德曾在他的一本小說中寫著：「別人儘可以用來做一本書；可是我在這裡要講的故事，我已經以全力生活過……所以我要簡簡單單寫我的回憶。倘使有些地方支離破碎呢，我也不想去補綴它們，連接它們；我要把潤飾的努力放棄。怕它會妨礙我希望在講說它們的時候，失去最後的同情。」

當然，還有些我不能說、不願說的，也略了去。如今看來，有所遺憾的是，我竟然在不知不覺中，會讓閔汶演出了這麼一個結尾。